성스러움을 향하는
세계의 중심,
전라북도 ×1

성스러움을 향하는 세계의 중심, 전라북도 1
전라북도로 떠나는 종교 여행

초판 1쇄 인쇄 2022년 5월 31일
초판 1쇄 발행 2022년 6월 7일

—

지은이 유요한 · 최종성 · 권용란 · 박병훈 · 박인규 · 최화선
펴낸이 이방원
편 집 송원빈 · 김명희 · 안효희 · 정조연 · 정우경 · 박은창
디자인 양혜진 · 손경화 · 박혜옥   **마케팅** 최성수 · 김 준 · 조성규

—

펴낸곳 세창출판사
  신고번호 제1990-000013호 **주소** 03736 서울시 서대문구 경기대로 58 경기빌딩 602호
  전화 02-723-8660 **팩스** 02-720-4579 **이메일** edit@sechangpub.co.kr **홈페이지** http://www.sechangpub.co.kr
  블로그 blog.naver.com/scpc1992 **페이스북** fb.me/Sechangofficial **인스타그램** @sechang_official

—

ISBN 979-11-6684-107-1 03200

ⓒ 유요한 · 최종성 · 권용란 · 박병훈 · 박인규 · 최화선, 2022

성스러움을 향하는 세계의 중심, 전라북도 ×1

유요한 · 최종성 · 권용란 · 박병훈 · 박인규 · 최화선 **지음**

전라북도로 떠나는
종교 여행

세창출판사

차례

...

성스러움을 향하는 세계의 중심,
전라북도
"여그 땅이 그런 기운을 지닌 땅이여"

유요한(서울대학교 종교학과 교수)

『아버지에게 갔었어』의
종교적 인간

전라북도 정읍 출신의 작가 신경숙은 2021년 봄, 자신의 고향을 무대로 삼은 소설 『아버지에게 갔었어』를 발표했습니다. 종교와 직접적인 관련이 있는 작품이라고 할 수는 없겠지만, 종교학자의 관점에서 보면 이 소설에는 종교적인 내용이 상당히 많이 담겨 있는 것이 분명합니다. 먼저 저는 이 소설이 전라북도 정읍이라는 특정한 장소를 고려하지 않아도 관찰이 가능한 인간의 종교적인 모습을 보여 준다는 것을 말씀드리고 싶습니다.

이 소설의 화자이자 주인공 '헌이'의 아버지는 열네 살 어린 나이에 역병으로 부모님을 잃었습니다. 이후 땅을 일구는 책임을 맡아 가정을 꾸렸고, 여섯 남매를 키웠습니다. 아버지는 꿈을 찾아 어디론가 멀리 떠나고 싶은 욕망을 마음 한편에 묻어 두고 가정을 지킵니다. 소설의 적지 않은 구절에서 아버지가 개인적인 갈망을 누르고, 유교로 대표되는 동아시아의 전통적인 가치관에 근거한 형태의 '종교적 인간(homo religiosus)'의 삶을 살아왔다는 것을 알 수 있습니다. 예컨대, 반드시 사용한 농기구를 제자리에 두어야 하며 묵은해의 일들은 새해가 오기 전에 반드시 해결해야 하는 아버지의 성격을 묘사하는 대목에서는 농경과 관련된 우주의 질서를 매우 중시하는 옛사람의 모습을 엿볼 수 있습니다.

또한 장마가 지거나 태풍이 오면 논보다 선산에 먼저 가 볼 만큼 선산을 중시했고, 선산에 갈 때면 가장 좋은 옷을 입고 기분이 들떠 있는 사람이라는 점에서도 동양 전통의 종교적 인간의 모습이 드러납니다. 소설 속에서 선산은 조상과 아버지, 그리고 자녀를 연결하는 '거룩한 사명'의 장소입니다. 아버지는 자녀가 결혼할 때면 들어온 축의금의 일부를 떼어 선산 돌보는 일에 사용했고, 성묘하러 갈 때만큼은 자녀 중 누구도 빠지지 않도록 주의를 기울입니다.

이 소설은 일제 강점기와 6·25전쟁을 거치는 험난한 세

『아버지에게 갔었어』, 저자 신경숙, ㈜창비 2021

월 속에서 허덕이며 힘겨워하면서도 기어이 삶을 살아 내고, 또 다음 세대로 삶이 이어지도록 하는 것을 가장 중요한 사명으로 생각했던 우리 부모님, 조부모님들의 모습을 보여 줍니다. 이분들은 죽음을 향해 가는 노화의 과정을 묵묵히 감당하면서, 땅과 사람에게서 새로 돋아나는 생명을 지켜 냈습니다. 이런 점에서, 『아버지에게 갔었어』는 전라북도 정읍을 배경으로 하고 있으면서도 이 지역에 제한되지 않고, 세계 어디에서나 볼 수 있었던 어른들의 경건한 삶의 모습을 감동적으로 그려 낸 작품이라고 할 수 있습니다.

하지만 전라북도 정읍을 무대로 삼은 이상, 이 특정한 지역에서 발전되고 전해진 종교적인 인식과 실천이 작품 속에 담겨 있지 않을 수 없습니다. 이는 아버지의 누님, 즉 주인공 고모의 말에 잘 나타납니다. 고모는 주인공 남매를 돌보면서 "여그 땅이 그런 기운을 지닌 땅"이라고 말하며 "너그는 좋은 기운을 받아 다사롭게 살라"고 이릅니다. 여기가 어떤 땅이기에 이 땅을 근거로 조카들에게 좋은 기운을 받아 다사롭게 살라고 축복하는 것일까요? 비옥한 호남평야 때문일까요? 전주, 익산, 정읍, 군산, 김제, 완주, 부안, 고창 등의 지역에 걸쳐 광활하게 자리한 호남평야는 바라보기만 해도 가슴이 벅차오르는 곳인 것이 분명합니다. 드넓은 땅이 하늘과 만나는 지평선을 볼 수 있는 우리나라 유일의 대평원이지요. 김제 벽골제, 정읍 눌제, 익산 황등제 같은 저수지가 이미 백제 시대부터 2천 년 가까운 세월 동안 이어지며, 아무리 가물어도 논에는 항상 넉넉한 물이 넘실거리는 곳이기도 합니다. 소설에서도 주인공 남매는 호남평야의 풍족함 덕분에 주리지 않고 자랄 수 있었다고 합니다.

하지만 고모의 자부심은 호남평야의 풍족함에 대한 것이

아니었습니다. 소설 속 고모의 표현을 그대로 빌리면, "죄다들 고통시럽고 살기 팍팍헝게 새 세상을 꿈꾸었던" 사람들이 있었던 곳, "바랄 것은 새 세상뿐"이라고 믿으며 새로운 세상을 열고자 했던 사람들이 있었던 곳이 바로 전라북도 정읍이었기 때문입니다. 이 땅에서 동학농민운동이 일어났고, 새 세상을 세우겠다는 기치를 내걸고 교세를 늘려 간 보천교에 사람들이 모여들었습니다. 사실 주인공의 집안 형편이 급격하게 기울었던 것은 한약방을 하던 할아버지가 보천교에서 인장과 교첩을 받기 위해 논밭을 팔아 바쳤기 때문이었지만, 고모는 보천교의 시도가 "참말 혹세무민에 불과헌 것"이라고 보지 않습니다. "동학도 패허고 나라도 뺏기고" 기댈 것이 없던 사람들이 차천자車天子라 불리던 차경석을 중심으로 새로운 세상이 열릴 것을 간절히 바랐던 것이 본질이라는 것입니다. 답답하고 부조리한 이 세상에 그저 눌려 있는 것이 아니라 '새 세상'에 대한 꿈을 포기하지 않는 사람들이 있는 곳이기에, "새 세상 세우는 일도 거듭거듭 결실 없이 끝났시도 여그 땅이 그런 기운을 지닌 땅"이라고 단언할 수 있었습니다.

'세계의 중심' 전라북도

　이 책의 각 장은 전라북도 세계종교평화협의회에서 주최한 2021년 세계종교학술포럼에서 발표되었던 글을 다듬고 보완한 것입니다. 저는 2021년 세계종교학술포럼의 기획을 맡아 주제를 "성스러움을 향하는 세계의 중심, 전라북도"로 정했고, 이를 이 책의 제목으로도 사용하기로 했습니다. 전라북도가 세계의 중심이라는 말은 전라북도가 인구, 경제 규모, 영향력 등에서 다른 지역에 비해 크게 자랑할 것이 없어서 만든 말이 아닐뿐더러, 그렇게 느끼는 전북 도민분들을 위로하려고 억지로 만든 것도 아닙니다. 종교학에서는 세계의 중심이라는 지위가 성스럽게 인식되는 존재, 힘, 자연물 등과의 관계를 통해 확보되는 것이라고 말합니다. 세계의 중심은 종종 '신'으로 대표되는 성스러운 존재와 인간을 연결하는 통로이면서, 인간이 성스러움을 바라볼 수 있는 창의 기능을 합니다. 종교적 인간에게 세계의 중심은 유한한 현실을 뚫고 나가 영원과 연결되는 공간입니다. 세상이 무의미하고 유한하고 부조리하며 불완전하더라도, 세계의 중심에 서 있는 사람들은 가치 있고 유의미하며, 영원하고 공정하며 완전한 성스러움을 꿈꾸고 만들어 갈 수 있었습니다. 『아버지에게 갔었어』에서 주인공의 고모가 그렇게도 자랑스럽게 이야기한 새 세상을 바라는 사람들의 땅이 세계의 중심인 셈입니다.

이 책에서 우리는 학술적인 작업을 통해 전라북도가 바로 그런 땅이라는 것을 밝히고자 했습니다. 물론 전라북도가 세계의 중심으로서 다른 지역에는 없는 유일무이한 위상을 가지고 있다는 말은 아닙니다. 세계의 여러 종교는 다양한 장소를 중심으로 인정합니다. 신들이 거주한다고 믿어지거나 특별한 사람이 신을 만나 계시를 받았다는 '산'이기도 하고, 하늘의 뜻을 따라 세운 '국가' 또는 '도시'가 될 수도 있으며, 신의 작업을 반복하며 우주의 질서에 따라 지은 '집'이 세계의 중심으로 경험되기도 합니다. 달리 말해, 성스러움을 향하는 사람들이 거주하는 모든 곳이 세계의 중심이 될 수 있습니다. 이에 대해 종교학자 미르체아 엘리아데Mircea Eliade는 저서 『종교형태론』에서, 세계의 중심으로 인정되는 "무수한 장소가 공존"할 수 있고, 따라서 여러 중심이 함께 있는 것이 가능하다고 설명한 바 있습니다. 한 국가나 문화권 내에도 세계의 중심으로 인식되는 다수의 장소가 있을 수 있는 것은 분명합니다.

하지만 저는 전라북도가 성스러움과의 관계를 지향하는 사람들의 계속된 시도를 통해 세계의 중심이라는 자리를 확고히 지켜 왔다는 것을 강조하고 싶습니다. 이는 이 책의 각 장을 통해 확인될 것입니다. 광활하고 기름진 호남평야가 있음에도 역사 속에서 끊임없이 수탈당하고, 때로는 무시당하기도 했던 전라북도는, 이 부조리하고 불완전한 세상을 뒤바꾼 새로운 세상을 꿈꾸는 사람들이 있어 왔기 때문에 다른 어느 곳보다 견고한 '세계의 중심'이라고 할 수 있는 것입니다.

종교학적 관점에서 세계의 중심을 논하는 이 책의 내용이 불편한 분들이 계실지도 모르겠습니다. 하지만 종교에 관심이 없는 분들도, 종교가 아주 오랜 세월 동안 인간의 삶과 문화 속에 깊이 뿌리내리고 있었다는 것은 부인할 수 없을 것입니다. 우리나라의 독자들에게도 널리 읽힌『사피엔스』,『호모 데우스』등의 저자 유발 하라리와『여행의 기술』,『무신론자를 위한 종교』의 저자 알랭 드 보통은 신의 존재를 인정하지 않는 무신론자입니다. 하지만 이들은 인류가 종교와 더불어 발전했다고 지적하며, 현생 인류인 호모 사피엔스가 지구의 지배적인 종이 될 수 있었던 것도 종교와 신화 덕분이었다고 주장합니다. 종교를 배제하고서는 인류의 역사와 인간의 속성을 이야기할 수 없기 때문에, 성스러움을 갈망하는 사람들이 설정한 세계의 중심에 주목하는 연구는 인류 전체의 역사를 포괄적이고도 정당하게 평가하기 위한 작업이기도 한 것입니다.

전라북도의 종교문화

이 책은 전라북도에서 시작되었거나 전라북도의 특정 지역에 중심을 둔 종교 전통들에 초점을 맞춘 글들로 구성되었습니다. 먼저 1장을 집필한 서울대학교 종교학과 최종성 교수님은 「전북의 종교문화: 민심의 한가운데에서 천심을 보다」라는 제목으로 전북의 종교문화의 성격을 역사적으로 밝히는 뛰어난 연구 성과를 제시하셨습니다. 동시에, 전라북도에서 살았던 종교인들의 심성에 깊이 이입하는 시각을 통해 전라북도 도민은 물론 이 책을 읽는 모든 독자의 가슴이 뜨거워질 법한 글을 써 주셨습니다. 동학이 발아한 곳이 전라북도는 아니지만 동학교도들이 민심을 모아 천심을 확인하고자

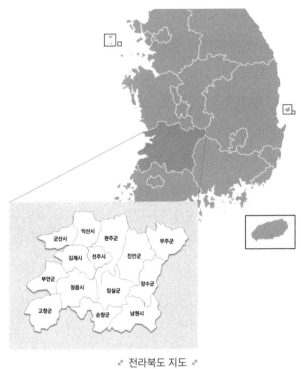

전라북도 지도

한 곳이 바로 전북의 들판이었다는 것, 전북 모악산에서 만경
강과 동진강이 흘러나왔을 뿐 아니라 미륵신앙과 증산계열의
신종교가 발산되어 나갔다는 것, 전라북도는 절망의 상황에
서도 성스러움을 갈망하며 희망을 노래한 사람들의 땅이라는
것을 말씀해 주실 것입니다. 그래서 전라북도는 종교의 땅이

며 종교문화를 빼놓고는 도무지 전라북도를 말하기 어렵다는 최종성 선생님의 설명에, 우리는 코끝이 찡한 감동을 느끼며 고개를 끄덕이게 될 것입니다.

2장에서 권용란 선생님은 「경기전, 태조의 본향을 담다」라는 제목의 글에서 전주 '경기전'의 종교적 속성을 규명합니다. 경기전은 전주 시민들은 물론 전라북도에 사는 사람들이라면 누구나 방문해 본 경험이 있는 친숙한 공간일 것입니다. 권용란 선생님은 이 친숙하고 푸근한 공간이 본래 조선 왕실과 국가의 매우 중요한 가치를 담고 있는 공간이었을 뿐 아니라, 성지聖地, 즉 성스러운 공간의 역할을 했다는 것을 보여 줍니다. 권용란 선생님은 태조의 본향 전주에 마련된 경기전이 무엇보다도 사당으로 만들어진 종교적 공간이었음을 강조합니다. 사당은 죽은 자인 조상과 산 자인 후손이 만나고 교제하는 곳이지요. 권용란 선생님은 경기전이 태조 어진을 통해 태조가 마치 지금 그곳에 있는 것 같은 경험을 주는 성스러운 공간이었다는 것을 설득력 있게 보여 주실 것입니다.

다음으로 3장에서 박병훈 선생님은 「원불교, 새로운 세상을 노래하다: 전북과 새 회상」이라는 제목으로 전북 익산에 총부를 두고 있는 원불교에 초점을 맞추었습니다. 특히, 일제 강점기의 암울한 상황 속에서 새로운 세상에 대한 희망을 노래한 가사歌辭에 초점을 맞춥니다. 가사는 3·4조, 4·4조를 기본 율격으로 하는 고전시가 장르로, 그중에서도 특정 종교 내에서 만들어져 해당 종교의 꿈과 희망을 노래한 가사는 '종교가사'라고 구분합니다. 창립자 소태산少太山 박중빈 대종사를 비롯한 초기 원불교 종사와 교인들은 가사를 통해서 원불교가 꿈꾸는 세상을 그려 냈습니다. '회상會上'은 설법을 듣는 모임을 가리키며 신자들의 공동체인 '교단'과도 뜻이 통한다고 합니다. 불교에서 석가모니가 법화경을 설법했던 모임을 '영산회상靈山會上'이라 부르고 앞으로 올 미륵의 회상을 '용화회상龍華會上'이라고 칭한다면, 소태산과 초기 원불교인들은 "과거에도 보지 못하였고 미래에도 보기 어려운 큰 회상"을 꿈꾸었습니다. 박병훈 선생님은 새 회상으로 표현되는 새 세상에 대한 염원이 원불교의 가사에 담겨 전해진다는 것, 그리고 이 가사들처럼 전라북도가 새로운 시운에 따라 세워지는 세계의 중심이라는 것을 설명해 주실 것입니다.

4장은 박인규 선생님이 집필하신 「해원상생과 후천개벽 운동의 산실: 강증산과 전라북도」라는 제목의 글입니다. 지금의 전라북도 정읍에 해당하는 곳에서 태어난 증산 강일순 선생은 모악산 대원사에서 "우주적 차원의 종교적 각성"을 하고 도를 열었으며, 고향에서 "묵은 하늘과 묵은땅을 뜯어고쳐 새로운 하늘과 새로운 땅으로 개벽"시키는 천지공사天地公事를 시작했다고 알려졌습니다. 증산은 세상이 참혹하게 된 것은 세상의 원한이 쌓이고 맺혔기 때문이라고 분석하고, 이를 풀어서 상생할 것을 촉구하는 해원상생解冤相生 사상을 제시했습니다. 그는 통치자들의 무능함과 전염병의 창궐 등으로 민중이 고통받던 때 전라북도의 가난한 마을에서 태어났고, 서구 제국주의가 이 땅에 침범한 상황 속에서 기존 종교, 사상, 가치가 흔들리는 시기에 청년기를 보냈습니다. 박인규 선생님은 증산이 이러한 혼란을 해결하기 위해서는 전라북도나 우리나라뿐 아니라, 우주 전체를 바로잡아야 한다고 생각했다고 설명합니다. 결국 증산은 전라북도의 작은 마을에서 세계의 중심을 도모했던 것이라고 할 수 있을 것입니다.

5장은 한 편의 영화가 만들어 내는 새로운 세상에 초점을 맞춘 글입니다. 최화선 선생님은 「팔림세스트로서의 공간/영화적 이미지: 영화 〈군산: 거위를 노래하다〉의 장소와 시간」이라는 제목으로, 전라북도의 특정한 도시 군산을 배경으로 하는 영화 〈군산: 거위를 노래하다〉를 종교학적 시각으로 세

밀하게 분석합니다. 글의 제목에 사용된 '팔림세스트'라는 단어는 본래 '지우고 그 위에 다시 쓴 양피지'라는 뜻이었는데, 그 맥락이 확장되어 '지워진 과거의 시간, 흔적을 우리 앞에 다시 불러올 수 있는 물리적인 무엇인가'를 의미하기도 합니다. 최화선 선생님은 〈군산: 거위를 노래하다〉라는 영화를 통해, 전라북도 군산이 현대의 모습과 100여 년 전의 모습이 겹쳐지는 장소라는 것을 지적합니다. 군산은 조선 시대 호남평야의 세곡이 모이는 경제적 거점이었고, 일제 강점기 일본이 쌀을 수탈해 가는 장소로 삼아 토지와 경제 전반을 장악했던 곳으로서의 슬픈 역사를 지닌 곳이기도 합니다. 최화선 선생님은 이러한 속성을 지닌 군산이 영화 속에서 어떻게 종교적 공간으로 구성되는지 구체적이고도 생생하게 보여 줍니다. 인간의 가장 오래된 꿈이라 할 수 있을 종교와 가장 현대적인 매체인 영화가 새로운 세상을 그려 낸다는 공통점을 지니고 있다는 것 역시 최화선 선생님의 글을 통해 밝혀질 것입니다.

성스러움을 향하는 사람들의 땅,
전라북도

다시 말씀드리지만, 어둡고 무거운 세상 속에서 그 너머를 꿈꾸고 갈망하는 사람들이 모여든 곳이 세계의 중심입니다. 이 책에 실린 글을 통해, 전라북도가 성스러움을 향하는 사람들이 살아온 곳이라는 것, 그래서 다른 어떤 지역보다 더 견고한 세계의 중심이 형성되었다는 것을 우리 모두 확인하게 될 것이라고 생각합니다. 전라북도의 여러 종교 전통들이 성스러운 중심으로 자리했던 모습들에 관한 연구가 이 책에서 그치는 것이 아니라, 앞으로 더 확대되고 발전될 것을 기대합니다. 그 바람을 담아 책의 제목에 '1'이라는 번호를 붙였습니다.

2021년 세계종교포럼을 주최해 주신 전라북도를 비롯하여, 후원을 아끼지 않으신 전주시, 익산시, 김제시, 완주군 등 시군에 이 자리를 빌려 감사의 마음을 전합니다. 종교문화를 빼놓고서는 전라북도를 상상할 수 없음에도 불구하고, 전라북도에 종교를 연구하고 교육하는 공적인 기관이 없다는 점은 참 아쉽습니다. 앞으로 전라북도가 성스러움을 향하는 세계의 중심으로서 우리나라와 세계의 문화에 이바지하기 위해서라도 종교의 연구에 더 힘을 기울여 주실 것을 당부드립니다.

무엇보다, 세계종교포럼이라는 멋진 학문적 축제의 장을 마련해 주신 세계종교평화협의회에 감사하고 싶습니다. 불교, 원불교, 천주교, 개신교를 비롯한 각 종교를 가장 신실하게 믿고 실천하는 분들이 모여, 서로를 이해하며 평화로운 공존을 모색하는 세계종교평화협의회가 전라북도에서 활동하고 있다는 것도, 전라북도가 세계의 중심인 이유 중 하나라고 생각합니다. COVID-19의 기세로 인해, 2020년에 이어 2021년에도 세계종교포럼이 비대면 온라인 방식으로 이루어졌습니다. 얼굴과 얼굴을 맞댄 채로 의견을 나누며 우리의 시야를 함께 넓히는 종교와 학문의 잔치가 다시 열리게 될 날을 고대하는 마음이 간절합니다. 또한 동시에, 답답한 전염병 상황 속에서도 이 중요한 세계종교포럼을 포기하지 않았다는 것, 철저히 방역수칙을 지키는 수고를 아끼지 않고 세계종교 포럼을 온라인으로 개최했다는 것은, 세계종교평화협의회와 전라북도가 현실에서는 물론 온라인상에서도 성스러움을 향하는 사람들이 만들어 가는 세계의 중심임을 보여 주는 증거일 것입니다.

마지막으로, 세계종교포럼에서 밝혀낸 인간의 종교적 모습의 가치가 전라북도에 제한되지 않고 모두에게 폭넓게 전해질 필요가 있다는 것에 동의하여 기꺼이 책을 출판해 주신 세창출판사에 감사합니다. 특히 편집과 교정을 맡아 수고하신 송원빈 선생께 따로 특별한 감사의 마음을 전하고 싶습니다.

2022년 5월

유요한

1장

···

전라북도의 종교문화

- 민심의 한가운데에서 천심을 보다

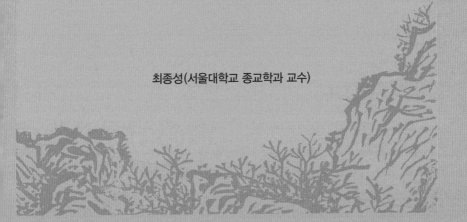

최종성(서울대학교 종교학과 교수)

종교의 땅:
종교를 만든 사람들, 종교가 만든 사람들

사람이 만든 책보다

책이 만든 사람이 더 많다

사람이 만든 노래보다

노래가 만든 사람이 더 많다

사람이 만든 길보다

길이 만든 사람이 더 많다[1]

---

1   이문재, 『혼자의 넓이』, 창비, 2021.

전북으로 향하며 이문재 님의 시 「사랑과 평화」의 앞 소절을 곱새겨 봅니다. 구절구절이 모두 공감됩니다. 책 얘기라면 인문학도로서 자책과 희망이 교차합니다. 필생에 좋은 책을 내놓아야 한다는 무거운 사명감에 눌려 살아갑니다만, 이런 주눅에 찌듦을 비웃기라도 하듯 자고 일어나면 어김없이 책 소식이 세상에 넘쳐납니다. 제아무리 책이 범람한다고 해도 그것을 읽고 성장한 사람이 더 많다는 당연한 사실에 은근히 의욕이 생겨나기도 합니다. 노래라면 더욱 실감이 납니다. 책과 달리 글을 모르는 사람도 끌어안는 게 노래 아니겠습니까. 세상에 없던 노래를 만들어 내기까지 상상과 창작의 고통이 뒤따르겠지만, 그것을 되뇌며 정화와 성숙을 누린 사람은 헤아리기 어려울 정도로 많습니다. 길도 그렇습니다. 문맹도 음치도 가리지 않고 길을 가려는 사람이라면 육로든 해로든 공로든 길을 가야만 합니다. 미처 이름을 붙이기 어려울 정도로 많은 길이 생겨나지만, 그 길이 주는 효용성을 누린 사람에 비할 바 아닙니다.

　　종교의 땅, 전북입니다. 종교문화를 빼놓고는 도무지 전북을 말하기 어렵습니다. 이름난 산도, 제일가는 들도, 역사와 함께 흐르는 강도, 세계와 호흡하는 바다도 있는 곳이지만, 무엇보다도 산·들·강·바다를 터전 삼아 일궈 온 사람들의 종교적 삶이 또렷하게 자리 잡은 곳, 전북입니다. 난리가 일어난 전쟁터의 기억이 크지만, 전쟁의 참상을 피할 만한 피난처로 손꼽히는 승지勝地가 여럿 버티고 있는 곳입니다. 승리를 빼앗겨 절망과 실의에 빠지기도 했지만, 미래의 주체가 왕도王都로 삼아 국운을 펼칠 만한 미래의 땅으로 대망되기도 했습니다.

새로운 종교의 터전으로서 충청에 계룡이 있었다면 호남엔 모악이 있었습니다. 모악이 이쪽저쪽으로 뻗어 낸 물이 만경과 동진의 큰 물줄기를 이뤄 가면서 나지막이 포복한 호남의 들녘을 넉넉히 적셔 줍니다. 그 모악을 중심으로 팔랑개비처럼 발산되어 나간 것이 미륵신앙이었고, 증산계열의 신종교였습니다.

본래 원산지는 아니었지만, 동학과 서학은 각기 시간의 간격을 두고 전북에서 역사적인 담판을 지으려 했습니다. 영남에서 발아한 동학은 전북의 들판에서 민심을 모아 천심을 확인하고자 했습니다. 전북의 앞바다와 금강을 거쳐 간 서학은 결단력 있는 호남의 형제들에게 전해지며 신앙의 대전환을 맞습니다. 금강을 넘어 남진한 서학과, 북진하다 금강을 넘지 못한 동학이 조선말 전북 종교 100년사의 골자라 해도 과언이 아닐 것입니다. 뜨거운 순교의 피를 뿌린 서학, 얼음장 같은 실패를 감내해야 했던 동학, 당장의 성공 여부는 중요하지 않았습니다. 중요한 것은 후세를 변화시킨, 실패의 질과 깊이였습니다.

비교신화학적 연구에 지대한 업적을 남긴 프랑스 출신의 조르주 뒤메질Georges Dumézil은 인도-유럽어족의 신화 속에서 '주재자(왕권)-전사(전쟁)-생산자(풍요)'[2]의 세 가지 공통된 사회적 기능을 도출해 낸 바 있습니다. 그의 결론과 완전히 포개지진 않습니다만, '전북 사람' 하면 '기도하는 사람'(사제), '공부하는 사람'(학자), 그리고 '일하는 사람'(농민)이 떠오릅니다. 사대부들은 평생 서책이 놓인 책상을 떠나지 않았으며, 농민들은 너른 들녘에서 땀 흘려 일하기를 게을리하지 않았고, 기도하는 사람들은 영성을 닦는 일이라면 방랑과 시련도 마다하지 않았습니다. 전북의 종교문화는 이들 세 부류의 사람들이 일궈 온 것이었다고 해도 과언이 아닐 것입니다. 물

---

2 지역 신화에 따라서는 '주재자(왕권)' 대신에 '사제(성직)'의 성격이 강조되기도 합니다.

론 기도하는 사람들이 종교문화의 생산자였다고 할 수 있겠지만, 공부하는 사람도, 일하는 사람도 종교적 창발을 주도할 만한 잠재력을 발휘하곤 했습니다. 적어도 이들이 합세할 때라야 천심을 향한 구심력과 민심을 향한 원심력이 조화를 이루었다고 생각합니다. 우리가 종교'를' 만든 사람 못지않게 종교'가' 만든 사람들을 주목해야 하는 이유도 여기에 있습니다. 시인의 말끝에다 한 마디 덧붙이고 싶습니다.

"사람이 만든 종교보다 종교가 만든 사람이 더 많다."

정감록:
부조리는 참을 수 있지만, 희망 없이는 살 수 없다

전해 오는 대표적인 비결 예언서 『정감록鄭鑑錄』 얘기를 잠깐 꺼내 볼까 합니다. 현재 우리가 대할 수 있는 판본 및 사본은 다양합니다. 그중에서도 이씨와 정씨의 대담 형식으로 미래의 왕조(구원의 주체), 왕도(구원의 땅), 향년(구원의 때), 몰락의 징조 및 피신처 등의 이야기를 다루고 있는 소위 「감결鑑訣」류의 문헌이 정감록을 대표하는 전승 기록이라 할 수 있습니다. 흔히 「감결」(이하 정감록)류의 문헌을 좁은 의미의 정감록이라고 하는 것도 그 때문입니다. 정감록 판본마다 다소의 차이가 있지만, 전북과 관련해 공통되는 두 가지 소재가 눈에 띕니다.

첫 번째는 전주와 직결되는 이야기입니다. 정감록은 왕조의 찬란한 시작보다는 쇠락하는 마지막을 과장하며, 국운의 견고함보다는 교체의 필연성을 강조합니다. 당연히 서사의 흐름은 대부분 전근대 왕조 시대의 틀로 짜여 있습니다. 다소간의 등락은 있으나 대체로 왕씨(송악, 500년) → 이씨(한양) → 정씨(계룡, 800년) → 조씨(가야, 1000년) → 범씨(완산, 600년) 등으로 간추릴 수 있습니다. 두 가지 사실이 주목됩니다. 먼저, 시간의 흐름을 고려할 때 왕조의 교체는 대개 백 년 단위로 설정된 국운에 따라 이루어지고 있습니다. 물론 한양 이씨 왕조의 향년을 비워 둔 것은 그것 나름대로 특별한 이유가 있었다고 봅니다. 둘째, 공간의 흐름을 볼 때 개성(송악)-한양-계룡-합천(가야)-전주(완산)로 이어지며 왕도의 위치가 남하하고 있습니다. 지도에 차례로 표시해 보면 마치 숫자 5에서 머리 부분을 떼어 낸 나머지 획들의 연속과도 같습니다.

예언의 형식을 빌려 송악 왕씨로부터 완산 범씨로 이어지는 기나긴 왕조의 역사를 이야기하고 있지만, 정작 주목을 끄는 것은 이씨에서 정씨로 넘어가는 과도기였습니다. 현존하는 정감록이 주로 조선 후기의 상황을 반영하고 있는 문헌 기록이라는 점을 상기할 때, 이李와 정鄭의 왕조 교체야말로 당대의 외면할 수 없는 긴급 현안이었을 것입니다. 앞서 이씨 한양의 땅이 누릴 운수의 기간을 고정하지 않은 것은 예언의 연장 및 적중 가능성을 열어 놓은 전략이었다고 판단됩니다. 그럼에도 불구하고 이조의 비밀스러운 운명을 드러낸 흔적은 여기저기에서 확인됩니다. 여러 판본을 종합해 본 결과 이씨 왕조의 향년은 300년설, 400년설, 500년설로 각양각색입니다. 백 년 단위로 예언이 지연되고 종말이 연기된 흔적이 역력합니다. 숫자에 집착한다면, 천년왕국론(millenialism)이 아닌 백년왕국론(centennialism)이라 해도 무방할 정도로 등장하는 왕조들의 운수가 백 년 단위이고, 운명 기간이 추가적으로 연장된 것도 백 년 단위였습니다.

말씀드리고 싶은 것은 정감록 '백년왕국론'의 대미를 장식하고 있는 것이 완산의 범范씨 600년이었다는 점입니다. 그러나 몇 천 년 뒤의 머나먼 이야기라 그런지 특별한 화젯거리도 없이 왕조의 주인공, 도읍지, 국운의 기간만이 언급되는 정도입니다. 예외적으로 약간의 디테일을 갖춘 판본도 눈에 띕니다.[3] 그 판본에 따르면, 전주 왕조는 말의 얼굴에 사람

---

3   가령, 김용주본 『정감록(鄭鑑錄)』(한성도서주식회사, 1923) 첫 편에 실린 「징비록(徵秘

여러 판본의 『정감록』

의 몸을 한(馬首人身) 영웅이 북쪽 해도^{海島}로부터 출현하는 데에서 시작됩니다. 그는 신장이 8척(약 2.4미터)에 달하며, 온몸이 푸르고, 입으로는 화염을 토해 낸다고 합니다. 그가 의병을 일으켜 완산에 당도한 뒤 남서향으로 왕궁을 배치하고 나라를 다스릴 거라 합니다. 그러나 활과 말을 다루는 무예만을 고집하다 보니 예악이 영원히 끊기게 되고, 그로 인해 달팽이 몸에 사람의 얼굴을 한(蝸身人首) 영웅이 나타나 망국의 운명을 맞는다고 합니다.

錄)」을 들 수 있습니다.

고려왕조는 통일 전 골머리를 앓게 했던 후백제의 땅으로 전주를 기억한 듯합니다. '훈요십조'에도 기록되어 있듯이 미운털이 박혀 눈 밖에 난, '차현車峴 이남 공주강 밖'의 땅은 다름 아닌 전주 지역을 지칭한 것이라 할 수 있습니다. 그러나 조선의 민중은 그런 역사적 분노로 가득 찬 옛 기억을 밀어내고 새로운 미래에 대한 상상의 역사를 정감록의 서사에 담아 비밀스럽게 이야기하기 시작했습니다. 조선왕조를 낳은 뿌리로서의 자존감은 먼 미래의 이야기이긴 하지만, 마지막 왕조가 펼쳐지는 희망의 자리로 유지되고 있습니다. 자존심 강한 이들이 불의와 부패로 점철된 역사의 질곡을 이겨 내기란 쉽지 않았을 겁니다. 그러나 가장 견디기 어려운 것은 희망의 부재였을지도 모릅니다.

두 번째 이야기는 난리를 피할 만한 땅으로 지목된 남원, 무주, 부안에 관한 이야기입니다. 정감록은 왕조의 교체뿐만 아니라 교체기에 닥쳐올 위험한 징후를 피해 몸을 숨길 땅으로 열 군데를 지정하고 있습니다. 이른바 십승지十勝地가 그것입니다. 대개 영월과 공주를 잇는 동서 횡단선 이남의 지역에 구원의 땅이 설정되어 있습니다. 판본마다 약간의 차이는 있지만, 놀랍게도 십승지 중에서 세 군데가 전북에 배정되어 있습니다.

우선, 현재 남원 지역인 운봉雲峯의 두류산頭流山이 주목을 받았습니다. 이곳은 난리를 피해 잠시 머무를 수 있는 임시방편의 공간을 넘어, 영원히 기거할 땅이요, 어진 재상과 뛰어난 장수가 계속해서 배출되는 땅으로 손꼽혔습니다. 사실, 십승지 중에서 이 정도의 평가를 받은 곳은 태백과 남원이 유일합니다. 다음으로 현재 무주 무풍면 일대의 무봉산이 피난의 땅으로 주목을 받았습니다. 덕유산의 맥이 흘러내린 이곳은 초목草木도 활력이 넘치고 군생群生도 위험을 면하는 생명의 땅으로 여겨졌습니다. 이어서 부안의 호암壺岩도 십승지의 리스트에 이름을 올렸는데, 여느 곳과는 달리 몸을 숨기기에 가장 기이한 곳이라는 평가를 받았습니다. 적어도 민중의 구원론적 지리학에서 전북은 결코 주변부가 아니었습니다. 들판을 피로 적시는 역사의 불행이 반복되는 땅이었지만, 그러한 재앙을 잊게 할 희망의 망명지를 들판 가까운 내륙에 보유하고 있었던 셈입니다.

비석:
효심을 세우려다 민심을 걷어차다

　호남의 동학만 생각하면 뜨거웠던 가슴팍에 별안간 상고대가 허옇게 피어난 듯 아려 옵니다. 늘 드나들던 헌걸찬 호남제일문湖南第一門의 대로를 제쳐 두고 호남제일정湖南第一亭이 기다리는 태인으로 향합니다. 철길과 역이 들어서면서 성장한 이웃 신태인에 비해 옛 영화와 정취를 간직한 곳입니다. 정면 5칸과 측면 4칸에 팔작지붕을 얹은 당당하고 준수한 정자가 우뚝 솟아 있습니다. 정면 중앙 처마 아래엔 호남 정자의 자존심을 내건 다섯 글자 편액(호남제일정)이 또렷합니다. 정자에 오르니 명성답게 내부 벽마다 옛 현판이 즐비한데, 그중에서도 누정의 고유한 이름을 담은 '피향정披香亭'이란 현판

◦ 피향정(호남제일정) ◦

◦ 피향정 비석군 ◦

이 눈길을 끕니다. 정자의 이름 그대로 연꽃 철이 되면 정자 앞의 방죽을 가득 메운 연화蓮花의 향이 만방으로 펼쳐질 것만 같습니다.

우람한 피향정 못지않게 연못가의 아담한 함벽루涵碧樓도 눈길을 끌지만, 발걸음을 재촉했던 주인공은 따로 있습니다. 사실, 피향정 구역을 둘러싼 낮은 담장과 어슷비슷한 키로 오종종하게 세워진 비석들을 살피러 온 것입니다. 동학으로 말할 것 같으면 영남의 수운水雲(동학의 시조 수운 최제우를 가리킨다)이 눈이 돼 주었고, 호남의 녹두綠豆(동학농민운동의 지도자 녹두 장군 전봉준을 가리킨다)가 발이 돼 준 셈입니다. 동학에 입도한 이래 2~3년간 조용히 신앙을 가다듬던 녹두 전봉준으로 하여금 동학의 새로운 전기가 될 첫걸음을 떼게 했던 장본인이 바로 고부군수 조병갑趙秉甲이었습니다. 다소 긴장감을 품고 비석에다 날카로운 시선을 고정시키며 조병갑의 흔적을 찾아보려던 찰나, 모든 게 싱거워지고 말았습니다. 첫 번째 자리에 놓인 비석이 바로 조규순의 영세불망비(縣監趙侯奎淳永世不忘碑)였기 때문입니다.

태인현감을 지낸 조규순은 동학도에게 결코 잊힐 리 없는, 바로 그 조병갑의 부친이었습니다. 어떤 린치도 당하지

조규순 영세불망비(태인)　　　　　조규순 영세불망비(함양)

않은 채 온전한 외양을 하고 서 있는 비석의 글자들이 의아했
지만, 당장의 분노를 삼킨 채, 살아 있는 역사 교과서를 후예
들에게 오롯이 남겨 둔 지역민과 동학도의 인내와 관용에 새
삼 고개를 숙입니다. 비석의 옆구리를 돌아 후면을 더듬어 읽
습니다. 몇 글자 공격당한 게 역력하지만, 어렵지 않게 17글
자(癸巳二月日子秉甲以古阜郡守建閣改竪)[4]를 온전히 건져 낼 수

4　비문의 내용은 '계사년 2월 어느 날, 아들 병갑이 고부군수로서 건립하고 고쳐 세
　움'이라고 풀이됩니다.

있습니다. 계사癸巳는 고부민란이 일어나기 한 해 전인 1893
년일 텐데, 그해 2월에 아들인 고부군수 조병갑이 부친의 영
세불망비를 다시 고쳐 세웠다는 얘기입니다. 부친의 이름이
새겨진 전면부의 비명은 차마 어쩌지 못하는 마음에 온전할
수 있었지만, 후면의 '병갑'과 '고부군수' 글자는 역사의 매질
을 당한 듯했고 특히 조병갑의 이름 두 글자는 훼손이 심했습
니다.

부친의 송덕비를 챙기며 효자 노릇하는 걸 누가 뭐라 하
겠습니까. 문제는 자신의 알량한 효욕孝慾을 챙기기 위해 주
민들의 고혈을 짜냈다는 데에 있습니다. 지난겨울 함양의 상
림공원 눈밭을 찾아 부자가 대대로 함양군수를 지낸 조규순,
조병갑의 영세불망비를 둘러본 적 있습니다. 군수 조규순의
영세불망비는 1847년 8월(道光二十九年 己酉八月日)에 이미 세
워졌는데, 거의 40년 뒤에 그 지역으로 부임한 막내아들 조병
갑이 재임 중이던 1886년 7월에 비석을 이전하여 다시 봉안
하였다(季子秉甲 丙戌七月 莅任十月 建閣移奉)고 합니다. 여기에
서도 조병갑의 남다른 집안 사랑과 효성이 발휘되었음을 알
수 있습니다. 기이한 것은 2년에 걸쳐 함양군수를 지낸 조병
갑의 밝은 덕과 선량한 정치를 기리는 비(郡守趙侯秉甲淸德善政

碑)가 비석군의 일원으로 동석하고 있다는 것뿐만 아니라, 그
의 치적으로 새겨진 내용이 고부농민의 평가와 달라도 너무
다르다는 점이었습니다.

선왕을 사모하고 살아 있는 백성을 위무하며, 자신의 봉급
을 줄여 관청을 수리하고, 세금과 공포를 감해 주되, 아랫사람
단속하기를 엄히 하고, 쓰디쓴 음식을 씹고 마음으로 견뎌 내며,
요령을 발휘한 2년의 정치는 천년토록 기릴 만하다.

- 1887년 정해 7월

자신의 급여도 줄이고 백성의 세금도 감해 주었다 합니
다. 5년 만에 사람이 바뀐 것일까요. 저리도 인자하고 공정했
던 관리도 어쩔 수 없을 정도로 짧은 시간에 세상과 인심이
급변하기라도 한 것일까요. 그게 아니라면 함양과 고부의 지
역 차가 있었던 것일까요. 조병갑이라고 해서 여느 탐관오리
보다 더 특별할 것도 없었는데, 고부 사람들이 예민하고 유별
났던 탓일까요. 어차피 고부에서 동학농민의 각성이 없었다
면, 고부에서도 저 같은 미사여구로 치장된 그렇고 그런 조병
갑의 선정비가 세워졌을지도 모르겠습니다. 이래저래 민심

을 저버린 비석, 민심이 담기지 않은 비석에 대한 믿음이 영
서질 않습니다. 5년 묵은지로도 가시지 않을 마음속 텁텁함
이 여전해 오래도록 개운치 않습니다.

동학:
민심을 모아 천심을 확인하다

호남의 사도라 불리는 유항검柳恒儉 아우구스티노가 가족과 함께 순교를 당한 지 한 갑자가 돌아오는 1861년, 호남 땅에 서학과는 다른 도가 전해지게 되었습니다. 그 한 해 전인 경신년(1860) 4월 경주 용담에서 무극대도無極大道를 얻은 수운 최제우崔濟愚가 몸소 남원 교룡산의 은적암隱寂菴으로 발걸음을 옮긴 것입니다. 아마도 관의 지목을 피해 경주로부터 멀리 남해 바닷길을 거쳐 승주昇州 땅을 밟은 뒤 남원 교룡산으로 들어온 모양입니다. 초기 동학서의 기록에 따르면, 당시 남원 서공서徐公瑞의 집에 십여 일을 기거하다 지금의 선국사 뒤편의 밀덕봉 아래 은적암에 자리를 잡고 기도와 경전 저술에 몰

＊ 수운 최제우(국립중앙박물관) ＊

입했다고 합니다. [5]

　수운의 남원행은 수개월 간의 짧은 여로에 그쳤지만, 동
학의 운명을 바꿔 놓은 일대 사건이 아닐 수 없습니다. 이를
계기로 영남에서 싹튼 동학이 비로소 남원을 거점으로 호남
의 들판에 직접 전해지게 된 것이고, 방패막이 되어 준 호남

5　『崔先生文集道源記書』(한국학문헌연구소 편, 『동학사상자료집』1, 아세아문화사, 1979,
　171-172쪽).

의 산중에서 훗날 경전의 핵심이 되는 「논학문」과 「권학가」 등이 안정적으로 산출된 것입니다. 미래의 동학을 책임질 호남의 형제와 두고두고 종교적 자산이 될 교리의 원천을 얻은 셈입니다. 초기 동학사를 다룬 역사서마다 당시 남원 은적암의 행적을 빼놓지 않고 다루고 있습니다. 특히 1915년 시천교 계열의 두 교단에서 잇달아 발간한, 동학 교조의 신령한 일대기를 그림 및 문자로 설명한 도설서圖說書에도 남원 교룡산 은적암의 행적이 실려 있습니다.[6]

도설서에는 영적 감응 속에서 신적인 메시지를 받았다는 암자의 외형이 오롯하지만, 저간의 무심한 세월의 무게를 견디지 못했는지, 지금은 그저 유허지임을 알리는 표지판만이 휑뎅그렁한 빈터를 외로이 지키고 있을 뿐입니다. 한때 동학군을 이끈 김개남의 거점이기도 했다는 발아래 교룡산성은 성의 풍채를 간직하고 있지만, 동학군의 영적 원천이자 전북

6 여기에서 말하는 도설서는 송병준의 시천교본부(견지동)에서 발간한『시천교조유적도지(侍天敎祖遺蹟圖志)』와 송병준으로부터 분립한 김연국이 이끌었던 시천교총부(가회동)에서 발간한『회상영적실기(繪像靈蹟實記)』를 말합니다. 전자는 70개의 도설을, 후자는 51개의 도설을 각각 싣고 있습니다. 남원 은적암 행적에 관해, 전자는 제12도 '은적암영계도(隱寂菴靈乩圖)'에, 후자는 제9도 '은암강관도(隱菴降管圖)'에 각각 도설을 싣고 있습니다.

『시천교조유적도지』

圖管降巷隱

『회상영적실기』

동학의 거점이었던 은적암은 견고한 성의 보호를 받지 못한 채 잊히고 있어 안타깝기만 합니다.

1864년 수운의 순도 후 해월海月 최시형崔時亨이 이끈 동학은 태백과 소백의 사이에서 재건한 뒤 힘을 비축해 호서(충청도 일대)를 향해 서쪽으로 퍼져 나갔습니다. 한편 호남(전라도 일대)에 전해진 동학은 점차 단단해지면서 북쪽으로 나아갈 발판을 마련하기 시작하였습니다. 호서의 북접 형제와 호남의 남접 형제가 손을 맞잡을 갑오년이 서서히 다가오고 있었습니다. 주지하다시피, 갑오년에는 한반도를 둘러싸고 청·일이 각축하는 대외적인 흐름(정치적 환경)과, 조세 및 토지의 모순에 반발하는 농민운동의 물줄기(경제적 환경)와, 영적인 스승이 당한 억울함을 해소하려는 신원운동(종교적 환경) 등이 한군데에서 만나게 되었습니다. '동학란'이든, '동학혁명'이든, '농민전쟁'이든 어떤 명칭을 사용하더라도 동학의 영적 자원과 농민의 혁명적 역량, 그 어느 한쪽도 간과되어서는 곤란하다고 생각합니다.

비석으로 효심을 다하며 민생을 팽개쳤던 고부군수 조병갑을 향한 분노가 고부민란으로 타오른 이래(1894.1.), 전봉준이 주도하는 동학농민군이 결성되기에 이르렀고(1894.3.), 이

교룡산성(남원)

은적암터(남원)

내 황토현 전투에서 승리를 거둔 기세로(1894.4.) 관군을 따돌리며 전주성에 입성하고는 여러 개혁적 조처(집강소 설치, 폐정개혁안)들을 실현해 나가는 쾌거를 이루었던 게 우리가 아는 동학농민군의 1차 봉기였습니다. 전주화약(1894.5.)의 성과로 고부군수 조병갑이 귀양처분을 받았으나, 이후 슬그머니 풀려난 뒤 4년 후에 있을 해월 최시형의 처결을 맡은 재판관으로 서게 된다니 혀를 찰 만한 역사의 쓰라린 운명이 아닐 수 없습니다.

동학군의 불안정한 승리는 외세의 개입으로 오래가지 못했습니다. 강화도조약(1876) 이후 조선 진출의 발판을 호시탐탐 노리고 있던 일본과 전통적인 패권을 유지하려는 청나라 사이에 고조되었던 긴장이 동학농민군 1차 봉기를 계기로 자제력을 상실한 채 제멋대로 터지고 말았습니다. 경복궁을 점령한 뒤 개화파정부를 앞세운(1894.6.) 일본은 수륙 양면에서 청군을 냅다 몰아붙이다 결국 청의 북양대군에 크나큰 패배를 안겨 주며 동아시아의 골목대장을 자처하기 시작했습니다. 이러한 정세를 지켜볼 수 없었던 동학농민군은 공주, 남원, 삼례 등의 민회를 거쳐 남북접이 연합한 2차 봉기를 다짐하게 됩니다(1894.9.). 폐정개혁의 수준을 넘어 반외세투쟁으

로 결집된 동학군의 기세는 대단했지만, 죽창의 열기만으로
는 무라타 소총으로 무장한 일군의 냉정한 화력을 감당할 수
없었습니다.

결국 호남과 호서의 동학도가 손을 맞잡고 금강을 넘
으려던 꿈은 우금치 고개를 넘치 못하고 좌절되었습니다
(1894.11.). 동학군은 해산되었고, 여기저기 흩어진 동학의 지
도자들은 궁지로 몰리다 하나둘 사지로 끌려 나왔습니다. 남
원을 호령하던 김개남은 태인 종송리에서 잡혔고(1894.12.), 순

창 피노리에 은신하다 붙잡힌 녹두장군도 만경을 넘어, 그리
도 넘고팠던 금강을, 수족을 묶인 채 건너며 서울로 압송되고
말았습니다(1894.12.). 안도현 시인을 문단에 등단시키며 오늘
의 그가 있게 했던 눈물겨운 시, 〈서울로 가는 全琫準(전봉준)〉
이 떠오릅니다.

눈 내리는 萬頃(만경)들 건너가네
해진 짚신에 상투 하나 떠 가네
가는 길 그리운 이 아무도 없네
녹두꽃 자지러지게 피면 돌아올거나
울며 울지 않으며 가는
우리 琫準(봉준)이
풀잎들이 북향하여 일제히 성긴 머리를 푸네

그 누가 알기나 하리
처음에는 우리 모두 이름 없는 들꽃이었더니
들꽃 중에서도 저 하늘 보기 두려워
그늘 깊은 땅 속으로 젖은 발 내리고 싶어하던
잔뿌리였더니

그대 떠나기 전에 우리는
목 쉰 그대의 칼집도 찾아 주지 못하고
조선 호랑이처럼 모여 울어 주지도 못하였네
그보다도 더운 국밥 한 그릇 말아 주지 못하였네
못다 한 그 사랑 원망이라도 하듯
속절없이 눈발은 그치지 않고
한 자 세 치 눈 쌓이는 소리까지 들려오나니

그 누가 알기나 하리
겨울이라 꽁꽁 숨어 우는 우리나라 풀뿌리들이
입춘 경칩 지나 수군거리며 봄바람 찾아오면
수천 개의 푸른 기상나팔을 불어제낄 것을
지금은 손발 묶인 저 얼음장 강줄기가
옥빛 대님을 홀연 풀어헤치고
서해로 출렁거리며 쳐들어갈 것을

우리 聖上(성상) 계옵신 곳 가까이 가서
녹두알 같은 눈물 흘리며 한목숨 타오르겠네
琫準(봉준)이 이 사람아

그대 갈 때 누군가 찍은 한 장 사진 속에서
기억하라고 타는 눈빛으로 건네던 말
오늘 나는 알겠네

들꽃들아
그날이 오면 닭 울 때
흰 무명띠 머리에 두르고 동진강 어귀에 모여
척왜척화 척왜척화 물결소리에
귀를 기울이라[7]

시인의 말처럼 그는 자신을 향해 목놓아 울어 주는 울음
도 몸을 녹이는 뜨끈한 국밥도 권유받지 못한 채 차가운 서울
로 향해 갔을 것입니다. 그러나 그는 서울의 엄중한 법정, 생
의 마지막 자리에서 슬프고도 따듯한 신앙고백을 남겼습니다.

問:汝로同謀한孫化中崔慶善等이다東學을酷好는者냐
供:然니이다

7   안도현,『서울로 가는 全琫準』, 민음사, 1985, 44-45쪽.

問:東學이라는거션何主意何道學고

供:守心ᄒ야忠孝로本을삼아輔國安民ᄒ잔일이외다

問:汝도東學을酷好者耶

供:東學은守心敬天ᄂᆞᆫ道故로酷好니다

[…]

問:東學에投入면怪疾을免ᄒ다니然냐

供:東學書中云三年怪疾이在前니敬天守心여ᄉ免다여ᄂᆞ
니다[8]

심문:너와 같이 일을 도모한 손화중, 최경선 등이 모두 동
　　학을 몹시 좋아하는 자인가.

진술:그렇습니다.

심문:동학이라는 것은 무슨 주의고, 무슨 도학인가.

진술:마음을 지켜 충효를 근본으로 삼아 보국안민하는 일
　　입니다.

심문:너도 동학을 몹시 좋아하는 자인가.

진술:동학은 마음을 지키고 하늘을 공경하는 가르침이므

8　　『全琫準供草』(규17285), 재초.

로 몹시 좋아합니다.

[…]

심문: 동학에 들어가면 괴질을 피한다고 하는데 정말 그러한가.

진술: 동학의 경전에 이르기를, 3년 내내 괴질이 닥쳐와도 하늘을 공경하고 마음을 지키면 피할 수 있다 하였습니다.

동도대장東道大將으로서 동학군을 이끌었던 전봉준은 동학을 수심경천守心敬天 하는 도道로 파악하고, 그러한 동학에 자신이 크게 매료되었다고 차분하게 진술합니다. 아울러 불가항력적인 괴질(콜레라)로부터 벗어나는 길도 동학의 경천수심敬天守心이라고 확신하였다는 겁니다. 녹두가 동학의 핵심으로 파악한, '하느님을 공경하며 모시는 마음을 지켜 내는 것'이야말로 수운 최제우가 역설한 시천주侍天主, 곧 '하늘님 모심'과 곧바로 상통합니다. 전봉준은 황량한 마른 땅에 떨어져 애타게 수분을 좇는 작디작은 푸른 콩(綠豆)이었습니다. 그를 촉촉이 적셔 주며 생장시킨 것이 최제우가 몰고 온 영적 비구름(水雲)이었다고 해도 과장이 아니라고 봅니다. 저런 녹

⁑ 서울로 압송되는 전봉준 ⁑

두가 있었기에, 더 없는 착취에 비리비리 말라 갔던 농민들도 되록되록 살진 동학의 영성을 마음 가득 누렸으리라 짐작합니다.

　　시카고대학교의 종교학자 브루스 링컨Bruce Lincoln의 말대로, 폭력적 수단만 가지고는 혁명이 성사되기 어렵습니다. 이데올로기적인 설득과 정서적인 환기를 제공하는 종교적 담론의 힘이 결부될 때 사회의 재구성이 용이해진다고 할 수 있습니다.[9] 동학을 소수 지도부만의 문제로, 혹은 형식적인 외피로 간단히 치부할 사안이 아니라고 봅니다. 적어도 사람들의 목소리(vox populi)를 하느님의 음성(vox dei)이라고 믿으며 응집할 수 있게 했던, 그래서 저들의 목소리가 호남의 군현을 넘어 전국적으로 확장될 수 있게 했던 원동력이 어디에 있었겠습니까? 동학은 분명 실패했습니다. 그러나 민심을 모아 천심을 확인하려는 목표가 있었기에 무참히 짓밟힌 실패에도 불구하고 역사의 기억을 지배하고 있나 봅니다.

9 Bruce Lincoln, *Discourse and the Construction of Society* (New York: Oxford University Press, 1989), pp. 3-11.

더 읽을거리

김수산·이동민 편, 『정감록』, 명문당, 1968.

최종성, 『동학의 테오프락시』, 민속원, 2009.

_____, 『한국 종교문화 횡단기』, 이학사, 2018.

최종성·박병훈 역주, 『시천교조유적도지: 그림으로 읽는 또 다른 동학사』, 모시는사람들, 2020.

2장

...

경기전,
태조의 본향을 담다

권용란(한신대학교 종교문화학과 강사)

태조 이성계와 진전

경기전은 전라북도 전주에 있으며, 조선을 창건한 태조 이성계(재위 1392~1398)의 초상화가 걸려 있는 곳입니다. 예전부터 이곳에서 제사를 지내곤 하였는데, 그런 곳을 '사당'이라고 하지요. 전문적인 용어로 말하면, 경기전은 태조의 어진御眞이 있는 진전眞殿으로, 제사를 지내는 사당입니다.

생소한 용어 '어진'과 '진전'이라는 말이 나오지요. 먼저 진전의 '진眞'은 '초상, 모습'이라는 뜻이고, '전殿'은 '큰 집'이라는 뜻입니다. '진전'은 '왕의 초상화가 있는 큰 집'이라는 뜻입니다. 그리고 어진의 '어御'는 '왕'을 뜻하는 말로 '어진' 하면 '왕의 초상'이라는 말입니다. 왕의 초상화를 가리키는 용어

경기전에 있는 태조 어진

는 어진 말고도 진용眞容·진영眞影·성진聖眞·용루龍樓·수용晬容·성용聖容·어용御容·영정影幀·신어神御 등이 있습니다. 이 중에서 어진과 영정이 많이 사용되는 편인데, 숙종 때에 '어진'으로 통일해서 쓰기로 하면서 다른 용어보다는 어진을 많이 쓰게 되었습니다.[10] 정리하면, 경기전은 태조 이성계의 초상화를 걸어 놓고 정해진 날에 제사를 지낸 사당인 것입니다.

경기전이 있는 전주는 태조의 첫 조상이 되는 시조가 살았던 지역입니다. 이런 곳을 '본향本鄕'또는 '본적지'라고 합니다. 이성계의 22대조 할아버지가 되는 시조 이한李翰은 신라 말기부터 전라북도 전주에 살았던 토족으로 알려져 있습니다. 이성계의 조상들이 쭉 전주에서 살다가, 고조할아버지였던 목조 이안사李安社 때 다른 곳으로 떠나, 강원도 삼척을 거쳐 함경도 의주宜州로 가서 정착하였다고 합니다.

태조의 본향인 전주에 경기전이 건립된 때는 태조의 아들 태종이 왕위에 오르고 10년째 되는 해인 1410년이었습니다. 당시 전주부 남문 안, 현재 전라북도 전주시 완산구 태조로 44번지에 건립하였습니다. 현재 경기전은 전주 한옥마을

---

10   이성미,『어진의궤와 미술사』, 소와당, 2012, 19-23쪽.

경기전 정전과 신도

안에 있습니다. 경기전을 건립한 태종 당시에는 '어용전'이라 불렀습니다. 그러다가 2년 후인 1412년(태종 12)에 '태조 진전'이라고 불렀고, 1442년(세종 24)에 '경사스러운 터'라는 의미의 '경기전'으로 바꾸었습니다. 태종 대에 건립된 경기전은 정유재란(1597) 당시 불에 타서 없어졌는데, 1614년(광해군 6)에 다시 지어졌습니다. 그리고 일제 강점기 때에 규모가 축소되긴 했지만, 그럭저럭 현재까지 잘 유지되고 있습니다.

건립 당시, 경기전을 중심으로 왕실과 국가의 의미 있고 중요한 공간들이 배치되었습니다. 1439년(세종 21)에는 조선왕조실록을 보관하는 전주 사고史庫가 건립되었습니다. 잘 아시다시피, 조선왕조실록은 조선 시대를 대표하는 역사서로서, 각 왕 대에 있었던 주요 사건과 현안을 기록한 책입니다. 당시 조선왕조실록은 한양과 지방 세 군데에 각각 나눠서 보관되었습니다. 그중 한 곳이 전주였습니다. 그리고 1771년(영조 47)에는 태조의 시조 이한 부부의 위패를 모신 사당, 즉 조경묘肇慶廟가 설립되었습니다. 이곳은 1973년 전라북도 유형문화재 제16호로 지정되었습니다. 경기전을 중심으로 성스러운 곳, 즉 성지聖地가 이루어진 셈입니다.

성스러운 중심 공간으로서의 경기전의 역할과 의미는 조

선 시대로만 한정되지 않습니다. 현재까지도 그 의미는 계속 이어지고 있습니다. 1970년에 완주군에 있던 예종(조선 제8대 왕)의 태실과 비석을 경기전 근처로 옮겨 왔습니다. 조선 왕실의 중심 공간으로서의 의미가 경기전에 더해진 것입니다. 2010년에는 어진박물관이 건립되었습니다. 어진박물관은 경기전의 가치를 드높이기 위해 태조어진 전주 봉안 600주년을 기념해 2010년에 개관되었습니다. 조선 시대를 거쳐 현대에 이르기까지 조선 왕실과 국가의 역사를 담고 있는 상징적인 공간들이 경기전을 중심으로 포진하고 있어, 가히 성지라 할 만합니다. 여기에 더하여 오늘날에는 문화유산으로서의 역사적, 종교적, 사회문화적, 학술적 가치가 가미된 귀중한 문화 보물(사적 제339호)로 거듭나고 있습니다.

사실, 태조 진전은 경기전 말고도 네 곳이 더 있었습니다. 함경도 영흥에 준원전, 경상도 경주에 집경전, 평안도 평양에 영숭전, 경기도 개성에 목청전이 바로 그곳입니다. 네 진전은 경기전과 마찬가지로 나름의 역사적 의미가 있는 공간에 자리 잡았습니다. 집경전이 지어진 경주는 신라의 수도였고, 영숭전이 지어진 평양은 고구려의 수도이자 고려의 서경이었던 곳이었습니다. 이 두 곳은 조선왕조가 이전 시대의 역사를 계승하여 창건되었다는 의미를 담기 위해 건립되었습니다. 준원전이 지어진 영흥은 이성계가 태어난 곳입니다. 목청전이 지어진 개성은 이성계가 어린 시절 자란 곳입니다. 경기전이 지어진 전주는 태조의 본향이면서 후백제의 수도였던 곳입니다. 준원전, 목청전 그리고 경기전 등은 모두 태조의 개인, 가문, 역사와 깊은 관련을 맺는 공간입니다. 태조 진전 다섯 곳 중에서 현재까지 남아 있는 곳은 경기전이 유일합니다. 여타 네 곳의 진전은 모두 임진왜란과 병자호란 당시 화재로 인해 소실되고 말았습니다. 현재 북한에 있는 목청전은 6·25 전쟁 이후 다시 지었다고 하는데, 현존의 상황을 확인할 수 없는 상태입니다.

이렇게 역사적인 의미가 있는 몇몇 지방에 태조의 진전을 세우는 것은 오래전부터 있었던 전통이었고, 중국에서도 그것의 내력을 찾을 수 있습니다. 중국의 한漢나라 효혜 황제가 수도를 비롯해 제후들이 다스리는 지역에 선왕이었던 고조(유방)의 사당을 세워 매년 제사를 지내도록 하였던 제도가 있었습니다. 그가 진전을 세운 이유는 한나라를 건국한 선왕을 기념하기 위한 것이었습니다. 경기전도 동일한 목적에서 건립되었습니다. 그런데 경기전의 역할은 이것만 있었던 것은 아니었습니다. 고려 시대가 가고, 새롭게 건국된 조선왕조의 정당성과 합법성을 보여 주는 것이었습니다. 새로운 시대와 문화가 열렸다는 선언적인 의미와도 같았습니다. 그리고 왕권을 강화하는 역할을 했습니다. 지방에 있던 진전을 통해서 새로운 국가의 왕이 누구인지 알려 주는 동시에 왕의 권위를 전시하는 역할을 했던 셈입니다. 사회를 하나로 통합할 수 있는 힘, 즉 왕권은 진전을 통해 강화될 수 있었습니다.

한 국가를 창업한 태조의 위상은 말할 필요도 없이 높습니다. 그 위상은 살아 있을 때뿐만 아니라 죽어서도 단연 구별된 위상을 가집니다. 태조는 살아 있을 때는 국가를 창건한 왕으로서 말할 나위 없이 높은 위상을 견지하고 있었습니다. 이러한 태조의 위상을 '시봉지군始封之君'이라고 표현합니다. 태조는 살아생전뿐만 아니라 죽어서도 왕실과 국가로부터 대대로 기념되고 제사를 받는 구별된 존재였습니다. 이것을 '불천지위不遷之位'라고 표현합니다. 돌아가신 왕과 왕비의 신주가 모셔져 있는 종묘에서 태조는 시조의 자격으로 대대로 맨 윗자리를 차지하는 불천지위로 제사를 받았습니다. 태조의 초상화를 봉안한 진전은 그 존재 자체만으로도 역사적, 사회문화적 가치와 의미를 충분히 지녔다고 할 수 있습니다.

경기전에 봉안된 태조의 어진은 비단 위에 채색을 입힌 것으로 태조의 살아생전 모습, 그대로를 사실적으로 그린 것입니다. 크기는 151×220cm입니다. 초상화를 보면, 태조는 평상시 왕의 집무복 차림을 하고 있습니다. 익선관을 머리에 쓰고, 용이 새겨진 청색의 곤룡포를 입고, 백옥의 허리띠를 두르고, 검은색 신발을 신고 있는 전신상입니다. 그런데 곤룡포의 색이 홍색이 아니라 청색입니다. 우리에게 익숙한 왕의 곤룡포는 홍색입니다. 이것에 대해서는, 고려 시대에 청색을 숭상했던 전통이 태조 대에도 유지된 까닭에 청색 곤룡포를 만들었을 것이라는 설명이 있습니다. 홍색의 곤룡포는 세종대왕 때부터 많이 입기 시작했다고 합니다.[11]

현재 경기전에 있는 어진은 1872년(고종 9) 영희전에 있던 어진을 본으로 해서 그대로 그린 것입니다. 1872년 한양의 진전인 영희전의 태조 어진과 원종의 어진이 세월이 지나 희미하게 되어 다시 그리게 되었는데, 이때 경기전에 봉안되어 오던 태조의 어진도 새로 그렸습니다. 태종 때에 처음 그린 태조의 어진은 세월이 흐르면서 여러 번 다시 그려졌습니다. 아

---

11 조선미, 『어진, 왕의 초상화』, 한국학중앙연구원출판부, 2019, 220쪽.

무래도 시간이 지나면 어진에 곰팡이도 생기고, 찢어지기도 하고, 전쟁이 나면 여기저기 옮겨 다니기도 해야 해서 다시 그릴 수밖에 없었습니다. 현재까지 남아 있는 조선 시대 어진 은 태조 어진을 비롯해 세조, 원종, 숙종, 영조, 순조, 익종, 철종, 고종, 순종 등의 것뿐입니다. 그만큼 조선을 건국한 태조 의 어진이 남아 있다는 것 자체가 희소하고 귀한 일입니다.

현존하는 태조 어진은 세 점입니다. 경기전, 경기전 내 어 진박물관, 그리고 국립고궁박물관에 각각 한 점씩 소장되어 있습니다. 세 곳에 소장되어 있는 태조 어진은 모두 1872년 (고종 9) 영희전에 있던 것을 모사한 것들입니다. 1872년에 모 사된 어진은 경기전 내 어진박물관에 소장되어 있습니다. 현 재 경기전에 있는 것은, 1872년의 것을 현대에 다시 보고 그 린 것입니다. 그리고 국립고궁박물관에 있는 것은 1900년(고 종 37)에 그린 것입니다. 어진박물관 건립 이전에는 경기전에 1872년 본이 봉안되어 있었는데, 안전한 보존을 위해 어진박 물관으로 옮겨 소장하고 있습니다. 경기전에 봉안되어 있는 태조 어진은 조선 초기의 것 그대로를 보고 그린 유일본 중 하나로, 국보 317호로 지정되어 있습니다.

경기전은 한국의 전통문화 유산으로 굳건히 자리하고 있

으며 앞으로도 보존하고 개발할 가치가 있습니다. 그동안 여러 분야에서 경기전을 연구해 왔습니다. 역사적, 정치적 연구는 물론, 어진과 진전에 대한 미술사적, 건축사적인 연구도 이어졌습니다. 여기에서는 제사를 지내는 사당의 측면에서 경기전의 의미를 짚어 보고자 합니다.

경기전의 건립 배경

경기전은 누가 어떠한 동기를 가지고 건립한 것일까요?
태조의 위상을 생각하면, 당연히 국가가 적극적으로 나섰을
것이라고 생각할 수 있습니다. 그런데 역사 문헌을 살펴보면
예상과는 다른 사실을 확인할 수 있습니다. 1409년(태종 9) 2월
17일의 일을 기록하고 있는 『태종실록』을 주목해 보겠습니다.

경상도부 관찰사 이원이 계림(鷄林, 경주)에서 태조의 어진
을 받들고 도착하였다. 각사(各司)의 관원 1명이 숭례문 밖에서
맞이하여, 계성전(啓聖殿)에 임시로 안치하였다. 처음에 완산부
에서 태조 어진을 모셔 두기를 청한 까닭에, 서울(한양)로 모셔

와서 다시 그리도록 명령한 것이었다.

　1409년 완산부(전주)에서 태조 어진의 안치를 요청하여
계림(경주)의 집경전에 있던 태조의 어진을 서울(한양)로 가져
와 계성전(태조 아버지의 사당)에 임시로 안치시킨 뒤 어진을 그
리게 하였다는 내용입니다. 경기전은 전주 지역의 요청으로
건립하게 된 것이었습니다. 태조나 태종의 바람을 국가 차원
에서 구체화한 것이 아니었습니다.

　경기전의 건립을 요구한 주체가 전주였다는 사실은 세종
때의 기록을 통해서도 확인할 수 있습니다. 『세종실록』에 기
록된 1419년(세종 1) 10월 24일의 기록을 보면, 평양의 영숭전
에 있던 태조 어진에 곰팡이가 생긴 일로 인해 진전 관리자(殿
直)를 두자는 논의가 있었음을 확인할 수 있습니다.

　세종이 말하기를,
　"만약에 전직(殿直)을 둔다면, 어떻게 평양에만 둘 수 있겠
는가?" 하였다.
　신하들이 모두 아뢰기를,
　"진전의 설치는 본래 각처의 부로(父老)들이 태조의 성덕(盛

德)을 바라고 사모(希慕)하여 요청해서 세운 것일 뿐이고, 국가와 상관이 있는 것은 아닙니다. 무엇 때문에 다시 관리자를 둘 필요가 있겠습니까?" 하였다.

　세종이 평양의 진전에 관리자를 둔다면, 경기전에도 그렇게 해야 하지 않느냐고 신하들에게 물었습니다. 신하들은 태조 진전은 국가와는 상관없이 해당 지역의 '부로'들이 요청해서 세운 것이기 때문에 다시 관리자를 둘 필요가 없다고 답변하고 있습니다. 당시 부로는 '지역의 나이 많은 남자 어른'을 일컫는 말로 '중요한 일들을 결정하는 대표자'들을 말합니다. 경기전은 국가가 아닌 전주 부로들이 요청해서 지어졌다는 사실을 다시 확인할 수 있습니다.

　그렇다면, 경기전은 국가와는 전혀 상관없는 공간이었을까요? 경기전을 건립했던 태종 때로 돌아가 보겠습니다. 아래의 내용은 1415년(태종 15) 9월 3일의 일을 기록한 『태종실록』의 내용입니다. 국가 제사와 관련된 일을 담당했던 기관인 예조가 태조 진전에서 지내는 제사에 대해 왕에게 올린 내용입니다.

경주·전주·평양의 태조 진전의 유명일 별제(有名日 別祭)는 전에 행하던 대로 각 도의 사신과 수령으로 하여금 제사를 행하게 하고 사시 대향은 없애소서. 하니, 모두 그대로 따랐다.

이 같은 내용을 태조의 진전 중 경기전만을 따로 떼어서 보면, 전라도에 보낸 사신과 그곳의 수령이 경기전의 제사를 담당하게 하고, 유명일(정조·한식·단오·추석·동지·납일)의 별제를 이전에 하던 대로 행하라는 내용입니다. '전라도에 보낸 사신'이라는 말은 국가에서 경기전을 관리하고 있었다는 의미입니다. 또한 봄·여름·가을·겨울에 행하는 사시 대향을 없애라는 내용은 종묘 제사를 지내는 날짜와 겹치기 때문에 멈추라고 한 것입니다. 진전 제사는 종묘 제사와는 격이 달라 동일한 날에 지내서는 안 되었기 때문입니다. 앞서 1419년(세종 1)의 실록 내용을 다시 보면, 진전의 관리자를 '다시' 두지말라는 내용에서도 이미 국가에서 경기전을 관리하고 있었다는 사실을 짐작할 수 있습니다. 경기전이 처음 전주 부로들의 요청으로 건립되었다고 해도 그것의 가치와 의미가 전주에만 국한되었다고 볼 수는 없을 듯합니다.

그런데 세종 때의 진전 관리자에 관한 기사는 경기전을

국가에서 각별히 중요하게 여기지 않은 듯한 인상을 줍니다. 실제로 1432년(세종 14) 3월 15일의 기록을 보면, 경기전을 폐지할 것인가 말 것인가의 여부를 공식적으로 의논했음을 알 수 있습니다. 세종은 평양에 있던 영숭전이 오래되어 무너지고, 제사에 쓰는 도구들과 그릇들도 누추해진 상황에서 차후 어떻게 대처해야 할지를 몇몇 신하들에게 물었습니다. 세종의 입장은 이미 건립된 진전을 방치할 수 없고, 그렇다고 쉽게 없앨 수도 없다는 입장이었습니다. 이러지도 저러지도 못하는 자신의 입장을 말하면서 진전을 없애지 않고 그대로 두는 것이 합법적인 것인지를 물어본 것입니다. 이에 몇몇 신하들은 다음과 같이 답변하였습니다.

"태종께서 일찍이 말씀하시기를, '돌아가신 왕의 진전을 지방에 설치하는 것은 본래 옛 제도에는 없는 것이니 마땅히 짓지 못하게 하여야 할 것이다'고 하셨습니다."

[…]

"돌아가신 왕을 받들어 제사 지내는 것은 지방이 할 수 있는 것이 아닙니다. 더구나 역대의 제도에서도 보기 드문 일입니다. 전하께서 친히 제사하는 목청전을 제외하고 모두 혁파하라고 명하소서" 하였다.

　사성은 아뢰기를,

　"이미 건립된 진전은 오래되었으니 보수하는 것이 좋겠습니다"고 하였다.

　신하들은 두 가지 점을 들어 진전을 폐지할 것을 제안합니다. 먼저, 역대의 제도를 찾아보면 지방에서 진전에 제사하는 일은 전례가 없었다고 합니다. 즉 근거로 삼을 만한 사례도, 제도도 없다는 말입니다. 돌아가신 왕에게 제사 지내는 것은 지방이 주체가 되어 할 수 있는 것이 아니라고 합니다. 게다가 태종이 살아 있을 때, 자신을 위한 진전을 세우려던 것을 중단시켰다는 것도 알 수 있습니다. 지방에 사당을 세우고 돌아가신 왕과 왕비의 신神을 받드는 것은 예법에는 맞지 않는 것이라 합니다.

　둘째, 진전 폐지의 기준을 왕이 직접 제사를 드리는지의 여부를 기준으로 삼고 있습니다. 진전에서 제사를 주관하는 사람은 해당 지방의 관리가 아닌 왕이어야 한다는 것입니다. 그들은 왕이 직접 제사 지내는 목청전만 남겨 두고 모두 없애라고 말합니다. 이로 비춰볼 때, 당시 목청전을 제외한 나머지 진전의 경우 왕이 아닌 해당 지방이 주체적으로 제사를 지냈다는 얘기가 됩니다. 태조에게 제사를 지낼 수 있는 사람은 왕밖에 없으며 이것을 어긴 제사는 예禮의 질서에 어긋난 제사, 즉 음사淫祀로 여겨졌던 것입니다. 조선 시대에는 제사를 두 가지로 구분하였습니다. 하나는 바른 제사라는 의미의 '정사正祀'였고, 다른 하나는 바르지 못한 제사라는 의미의 '음사'였습니다. 제사를 지내는 사람과 제사를 받는 신이 일정한 룰로 정해져 있었다는 얘기입니다. 즉 돌아가신 왕을 제사할 수 있는 자격은 어디까지나 당대의 왕에게만 있었습니다. 그것이 당시의 제사를 지배하는 대원칙이자 질서였습니다. 그런 원칙이 지켜지지 않는 제사는 신도 흠향하지 못하고 제사 주체도 복을 받을 수 없다고 간주되었습니다. 태조에게는 자격을 갖춘 왕만 제사 지낼 수 있었습니다.

경기전을 없애야 한다고 주장한 여느 신하들과는 달리, 맹사성은 이미 지어진 진전은 그대로 두고 보수하는 것이 온당하다는 의견을 냅니다. 논의의 결과는 어떻게 되었을까요? 세종은 맹사성의 제안을 채택하여 경기전을 비롯한 태조의 진전을 그대로 유지하게 합니다.

경기전을 설립하고 전주 수령이 제사 지내는 것이 옛 법에 어긋난 것이라는 사실을 알면서도 폐지하지 않았던 가장 중요한 이유는 '효孝'에 있었다고 볼 수 있습니다. 한번 만들어진 왕의 사당은 쉽게 없앨 수 없었습니다. 조상께 제사하기 위해 만들어진 사당은 마치 부모님이 살고 계신 집과 같다고 생각했기 때문입니다.

경기전을 폐지하지 않은 또 하나의 이유는 세종 당시까지도 국가 제사가 완전하게 구비되지 않은 상태였기 때문입니다. 조선 시대 국가 제사를 정비하기 시작한 때는 1410년(태종 10) 8월에 '의례상정소'라는 기관을 설치하면서부터였습니다. 태종 때에 국가제사를 정비하기 시작했지만 완성된 것은 세종을 거쳐 제9대 왕인 성종 때(1474)에 이르러서입니다. 이때 국가 제사의 규범과 절차를 기록한 『국조오례의』가 반포되었는데, 여기에 경기전 제사도 실렸던 것입니다. 이 책과 함께 『국조오례서례』도 출판되었는데, 여기에는 제사 공간, 제사 음식, 제사 도구 등과 같은 의례 기반에 관한 내용이 담겨 있습니다. 이 두 책은 국가 제사의 메뉴얼과 같은 안내서이자 참고서라 할 수 있는데, 당시에는 법전과 맞먹는 높은 권위를 가지고 있었습니다.

경기전을 폐지할 것인가 말 것인가에 관한 조정의 논의

를 거친 뒤 10년이 지난, 1442년(세종 24)에 '경기전'이라는 이름을 부여되고 관리인 두 명이 배치되었습니다. 이때부터 경기전은 국가가 관리하고 제사를 주관하는 곳으로 정착됩니다. 경기전이 건립된 지 32년이 되는 시기부터 국가의 체계적인 관리를 받을 수 있었던 것입니다.

전주 부로들의 요청으로 설립된 경기전은 국가의 통제와 관리로 인해 조선 시대 내내 흔들림 없이 유지되었습니다. 여기에는 앞에서 언급했던 태조 진전이 가지는 의미와 효과가 있었기 때문이기도 했습니다. 그러므로 경기전은 지속적으로 조선의 정체성과 시원성을 확인하고 보여 주기 위한 것이었다고 할 수 있습니다. 그렇다면 당시 국가에서 관리한 경기전의 모습은 어땠을까요.

경기전 제사

경기전에서 거행된 제사에 대해 알아보겠습니다. 성종 때에 발간된 『국조오례서례』를 보면, 경기전 제사의 종류와 시일에 대해 알 수 있습니다. 먼저, 경기전에서 지낸 제사는 속제俗祭로 분류되어 있습니다. 당시에는 국가에서 지낸 제사들을 그 규모와 중요도에 따라 크게 대사大祀, 중사中祀, 소사小祀로 나누었습니다. 대중소의 기준에 맞춘 제사들에는 포함되지 않는 예외로 분류된 제사들도 있었습니다. 이런 제사들을 모아서 "속제"라고 하였습니다. 대부분 왕실의 조상들에게 지낸 제사들이었습니다. 아주 오래전부터 관습처럼 지냈던 제사들이었기 때문에 인정人情의 차원에서 갑자기 없애기 곤란했습니다. 이와 같은 이유로 경기전 제사는 '속제'로 분류되었습니다.

경기전 제사의 이름은 무엇이었을까요. 『국조오례의』에서 찾아보면, '속절향진전의俗節享眞殿儀'라는 의례 이름이 등장합니다. 1788년(정조 12)에 개정된 국가의례서인 『춘관통고』에는 '속절향경기전의俗節享慶基殿儀'라는 이름이 또렷이 재등장합니다. 제사의 이름이 생소하고 어렵습니다. 찬찬히 살펴보면, 앞에 '속절'이라고 적혀 있는 것은 제사를 지내는 날을 의미합니다. 즉 속절은 정조正朝(정월 초하루), 한식, 단오, 추석, 동지, 납일(동지 이후 연말) 이렇게 여섯 명절을 의미합니다. 경기전에서 1년에 여섯 번 제사가 행해진 것입니다. 그리고 이름 맨끝에 '의' 자가 적혀 있는데, 이것은 제사라는 의미입니다. 결국 '속절향진전의' 또는 '속절향경기전의'는 '속절에 지내는 경기전 제사'라는 의미입니다. 1년에 여섯 번 정기적으로 제사를 지내는 것 말고도 몇몇 예외적인 경우에도 경기전에서 제사를 지냈습니다. 경기전에 일이 생겼을 경우에 '선고사유제先告事由祭'를, 어진을 다시 제작하는 등의 일로 어진을 옮겨야 할 경우에 '이안제移安祭'를, 그리고 다른 곳에 임시로 모신 신주나 어진을 다시 제자리로 모실 때 '환안제還安祭'라는 제사를 지냈습니다.

제사가 행해졌던 당시 경기전의 모습을 상상해 보겠습니다. 『국조오례서례』에 기록된 당시 경기전 도설을 보면, 맨 앞쪽에 외신문이 있습니다. 이곳을 통과해서 들어가면 내신문이 나오고 더 들어가면 정전에 이릅니다. 바로 그 정전 안에 태조의 어진이 있었습니다. 도설을 잘 보시면 정전 앞마당에 한자가 쓰여 있는 게 보입니다. 이것은 제사를 지낼 때, 제사 집행자들이 서는 위치를 적은 것입니다. 제사를 행하는 담당자들의 자리가 정해져 있었다는 것이 흥미롭습니다. 사회를 맡은 집사자의 자리, 술을 올리는 일을 맡은 헌관獻官의 자리, 제사 집행자들의 자리를 설치하는 일을 맡은 찬자贊者의 자리, 각 절차마다 제사 집행자들의 정해진 자리와 행동을 안내하는 알자謁者의 자리가 적혀 있습니다. 그리고 제사에 올린 술과 음식을 나누어 받는 자리인 음복위飮福位까지 그림 속에 정해져 있는 것을 볼 수 있습니다.

경기전 제사를 국가에서 관리한 만큼 정확하고 철저하게 메뉴얼대로 제사를 행했다는 것을 알 수 있습니다. 정전에 봉안된 어진은 북쪽에서 남쪽을 향하도록 하였습니다. 정전 내부에 태조어진이 있는 곳이 있습니다. 이곳을 감실, 어방, 또

경기전 홍살문

는 침실이라고 하였습니다. 현재 경기전은 조선 시대와 비슷한 형태로 남아 있습니다. 하마비, 붉은 색칠을 한 홍살문을 지나면 외신문, 내신문 그리고 어진을 모신 정전이 나옵니다.

그럼, 경기전 제사는 어떤 순서로 진행되었을까요. 다음 면의 '경기전 도설'에서 보듯이, 경기전 제사는 제사를 진행하는 사람들에 의해서 정해진 절차에 따라 진행되었습니다.

먼저, 제사를 거행하기 이틀 전부터 제사 담당자들과 왕은 몸과 마음을 깨끗하게 하는 '재계'의 시간을 갖습니다. 재계는 산재散齋 기간 1일, 치재致齋 기간 1일로 나뉩니다. 산재

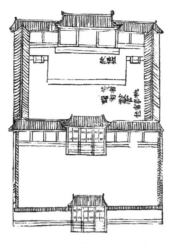

경기전 도설(『국조오례서례』)

기간에는 초상집에 가지 않고, 아픈 사람을 찾아가지 않고, 음악을 듣지 않고, 사형을 집행하지 않으며 근신합니다. 치재의 경우 신하는 왕에게 오로지 제사에 관한 일만 말합니다. 이렇게 심신을 삼가며 제사를 준비하는 것입니다.

제사 당일에는 태조 신에게 향과 술을 올리는 것부터 시작합니다. 이것은 태조를 제사의 자리로 부르는 행위입니다. 그리고 나서 태조 신에게 첫 번째 술잔을 올립니다. 이것을 초헌례라고 합니다. 이것을 마치면 태조 신에게 감사와 기원의 마음을 적은 축문을 읽습니다. 축문을 읽고 나면, 태조 신에게 두 번째 술잔을 올리는 아헌례를 하고, 이어서 세 번째 술잔을 올리는 종헌례를 합니다. 술을 세 번 다 올리면 태조 신에게 올렸던 술을 마십니다. 이것을 음복이라고 합니다. 신에게 올렸던 술, 즉 신이 감응한 술(福酒)을 마시면 복을 받는다고 생각했습니다. 음복을 하고 나서 제사에 올렸던 음식들을 거둡니다. 그리고 축문을 땅에 묻으면 제사가 끝납니다.

이번에는 상차림을 보겠습니다. 국가 제사에 올렸던 음식을 기록한 『태상지』라는 책에 따르면, 대·중·소사와 달리 속제에는 밀과를 쓰고 고기·포脯·해醢(젓갈)를 쓰지 않으며, 폐백이 없다고 했습니다. 밀과는 밀가루에 기름과 꿀을 넣고 반죽하여 직육면체 모양으로 만들어 기름에 노란색이 되도록 튀긴 것입니다. 속제에 올린 제사 음식들은 대·중·소사에 비해 규모가 적었습니다.

『국조오례서례』에서 경기전 제사에 올린 음식이 무엇이 었는지 살펴보겠습니다. 제사상은 협탁과 신탁 두 개를 놓았습니다. 태조 어진(그림에는 신위라 적혀 있음) 바로 앞에 협탁을 놓았고, 협탁 앞에 더 큰 상인 찬탁을 놓았습니다. 협탁에는 세 줄로, 찬탁에는 네 줄로 음식을 진열하였습니다. 먼저, 협탁 첫째 줄에는 술잔 세 개, 둘째 줄에는 탕 세 그릇과 반찬,

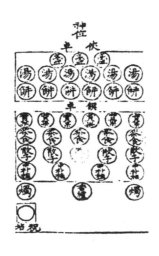

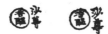

경기전 상차림(『국조오례서례』)

셋째 줄에는 각색 떡 여섯 그릇을 놓았습니다. 그리고 찬탁의
첫째 줄에는 각색 실과를 여섯 그릇, 둘째 줄에는 다식茶食이
다섯 그릇, 셋째 줄에는 산자散子가 다섯 그릇, 넷째 줄에는 중
박계中朴桂 네 그릇을 놓았습니다. 중박계는 밀가루에 기름과
꿀을 넣고 반죽하여 튀긴 것입니다. 상차림에 올라가는 음식
들이 대부분 유과 종류라는 것을 알 수 있습니다. 지방의 진
전에서 행하는 제사일 경우에는 한양에서 제사하는 종묘와

달리, 육류, 포, 젓갈을 올리지 않았습니다. 제사의 규모가 아무래도 종묘보다는 작았으니까요. 찬탁 앞 양옆에 촛대를 놓고 향을 피우는 작은 화로인 향로를 촛대 중간에 놓았습니다. 술잔을 올려놓는 축점祝坫의 자리도 정해져 있었습니다. 방문 밖에는 향온香醞(술)을 담는 술잔인 화룡사준畵龍沙尊 두 개를 놓습니다.

이렇게 경기전의 모습, 경기전 제사의 절차, 상차림을 살펴보았습니다. 경기전 제사는 일제 강점기 때 중단되었다가 1956년에 '춘계 동지제', 1978년에 '중양절 대제', 2012년에 '경기전 대제', 2016년에 '경기전 대향'이라는 이름으로 행해졌습니다. 그리고 가장 최근인 2021년 10월 14일에 '경기전 대제'를 지냈습니다. 현재까지도 경기전 제사는 지속적으로 거행되고 있습니다.

사당으로서의 경기전

다시 경기전의 설립 배경에 관한 이야기로 돌아가겠습니다. 이번에는 전주의 부로들이 경기전을 설립해 달라고 요청했던 이유가 무엇이었는지 보겠습니다. 동기 또는 명분이라고 하죠. 그것이 무엇이었을까요? 구체적인 동기가 궁금해집니다. 1419년(세종 1) 10월 24일의 일을 기록한 『세종실록』을 다시 보겠습니다.

"진전의 설치는 본래 각처의 부로(父老)들이 태조의 성덕(盛德)을 바라고 사모(希慕)하여 요청해서 세운 것일 뿐입니다."

또한 1432년(세종 14) 3월 15일의 기록도 다시 보도록 하겠습니다.

하륜이 아뢰기를, "지방의 사람들이 태조의 덕에 감동되어(感德) 사모하는 마음(思慕)으로 진전을 세웠습니다."

위의 실록 기사를 보면, 경기전을 설립한 동기는 '태조의 덕에 감동하여 그것을 바라고 사모하는(感德思慕, 希慕太祖盛德)' 마음을 표현하기 위한 것이었습니다. 태종이 경기전을 세워 달라는 전주 부로들의 요청을 거부하지 않았던 것도 동일한 마음이 있었기 때문일 것입니다.

그런데, 이러한 동기와 명분이 경기전 건립과 무슨 상관이 있는 걸까요? 다시 말해서, 그냥 기념비를 세워서 태조의 덕에 감사하는 마음을 표현할 수도 있었을 텐데, 굳이 사당을 만들어야 했던 이유가 무엇이었을까요? 태조의 공덕을 사모하는 것이 사당을 짓는 것과 어떤 연관성이 있었던 것일까요? 이 문제를 해결하기 위해서는 사당이 어떤 곳인지 그 의미와 역할을 먼저 이해해야 합니다.

우선, 사당은 조상(죽은 자)과 후손(산 자)의 만남과 교제가 이루어지는 공간입니다. 유교에서는 사람이 죽으면 혼(魂)은 하늘로 돌아가고, 몸(魄)은 땅으로 돌아간다(魂氣歸于天形魄歸于地)고 합니다. 하늘과 땅으로 돌아간 조상(죽은 자)을 만나고 교제하는 데 어진이 중요한 역할을 합니다. 어진은 조상의 몸을 대신하는 것으로서 그곳에 영혼이 깃든다고 생각했습니다. 게다가 어진은 왕의 얼굴을 사실적으로 묘사한 것이라서 왕이 그곳에 임한 것 같은 효과를 가집니다. 익선관을 쓰고 곤룡포를 입은 채 정면을 바라보고 앉아 있는 태조의 초상화는 마치 지금 그곳에 임재하는 듯한 경험을 가능하게 합니다. 태조가 경기전에 와서 앉아 있는 모습을 시각화한 것입니다.

사당에 초상화를 두었던 이유에 대해서 1434년(세종 16) 4월 15일의 『세종실록』 기록을 보면 잘 알 수 있습니다. 세종은 태조 어진을 평양으로 옮기는 일을 명령하면서 신하들과 논의합니다.

"과연 이 초상화가 아니면 후손들이 무엇에 의거하여 돌아가신 왕의 얼굴을 뵙겠는가? 또 역대 제왕의 초상화를 그려서 자손에게 남겨 준 이가 있으니, 나도 또한 초상화를 그리고자 하는데 어떠한가?"

세종은 초상화가 아니면 후손들이 돌아가신 왕의 얼굴을 뵐 수 없다고 말합니다. 그러면서 역대 왕들이 초상화를 그려서 자손들에게 남긴 사당이 있으니 자신도 초상화를 남기고자 하는 마음을 내비쳤습니다. 당시 돌아가신 왕들의 얼굴을 대대로 기억할 수 있는 방법은 초상화가 유일했던 것입니다. 또한, 『태종실록』에는 어진에 대해 '왕이 살아계실 때의 모습을 그대로 담아서, 왕을 다시 생각하는 마음이 기쁘고 마치 살아계신 분을 만나 뵙는 것 같이 친근하다'고 했습니다.

조상(죽은 자)과 후손(산 자)의 만남과 교제가 이루어지는 공간으로서의 사당의 두 번째 역할은 제사가 실천되는 공간이라는 것입니다. 죽은 자와 산 자의 만남은 사당에서 제사 지낼 때 구체적으로 이루어집니다. 유교에서는 백성에게 큰 공을 세운 인물을 신으로 모십니다. 공로의 내용은 백성을 위한 정치의 모범을 보여 준 인물, 인간의 삶에 유익을 끼친 인물, 유학에 공이 있어 문묘에 모신 문선왕(공자) 이하 성현들, 그리고 왕조를 창업한 시조가 해당됩니다. 왕조를 창업한 시조에 대해서는 '역대 시조'를 위한 제사로서 국가 제사에 편입되었습니다. 경기전 제사에서 태조는 조선왕조를 건국한 공덕이 있는 신으로 모셔집니다. 태조는 신이 되어 후손과 국가를 보살피고, 후손은 조선을 건국한 태조의 공덕에 감사를 드립니다. 사당에서 신으로 모셔진 태조는 경기전 정전 앞 바닥이 튀어나온 길로 왕래한다고 여겨집니다. 이것을 '신도神道'라고 합니다. 신도라는 것은 신만이 다니는 길이라는 의미입니다. 바로 태조가 신이 되어 다니는 길을 구별하여 표한 것입니다.

또한 태조와 후손의 만남은 제사를 지낼 때, 낭송하는 축문을 통해서 강화됩니다. 축문은 신에게 감사하고 기원하는 마음을 담은 일종의 기도문입니다. 경기전 제사에서 읽었던 축문의 내용을 한번 볼까요.

삼가 세월은 빠르게 흘러 이렇게 좋은 때를 만나니,
더욱 그리움이 사무칩니다.
깨끗하고 공경스러운 제사를 올립니다.
삼가 희생(고기)과 단술, 여러 가지 곡물을 차려서
경건히 밝은 제사를 드립니다.
흠향하소서.

요즘 말로 바꿔 보면 이런 내용입니다.

"태조께서 보살펴 주셔서 오늘과 같은 좋은 시절을 보냅니다. 이런 날 태조가 더욱 그립습니다. 여러 음식을 차려서 경건한 마음으로 제사를 올립니다. 기쁘게 받아 주소서."

조선을 창업한 공덕을 이룬 태조는 신이 되어 백성에게 복을 베풀고, 백성은 그 공덕에 감사하며 덕을 베풀어 달라고 간구하는 것입니다. 태조의 성덕을 바라고 사모하는 마음은 사당, 경기전 제사를 통해서 실현됩니다.

사당에서 주기적으로 제사를 지내는 것을 길례吉禮라고 합니다. 길례는 신에게 제물과 음식을 올려 감사하고 신이 기쁘게 받기를 청한 후, 신이 주는 복을 받는 길하고 상서로운 제사라는 의미입니다. 신과 인간의 교제가 이루어지는 절차는 경기전 제사의 절차에서 보았듯이, 음복이 있습니다.

사당의 역할을 두 가지로 살펴보았습니다. 사당의 역할을 경기전과 관련해서 다시 정리하면, 첫째, 경기전은 태조 어진을 매개로 선조와 후손의 만남이 이루어지는 성스러운 공간입니다. 둘째, 태조와 후손의 만남을 제사를 통해서 구체화하는 공간입니다. 전주의 부로들이 경기전을 건립한 이유는, 조선을 건국한 태조의 공덕을 기념하는 차원을 넘어선 것입니다. 즉, 태조를 신으로 모셔 지속적으로 만나고 태조의 공덕을 기리며 그 공덕의 은혜에 보답하기 위한 것이었습니다. 이것은 기념비를 세워서 할 수 있는 것이 아니었습니다. 이와 같은 사당으로서의 경기전은 무엇보다도 이곳이 종교적인 공간이었다는 사실을 말해 줍니다.

경기전의 역할과 의미를 좀 더 이해하기 위해서 한양에 있었던 두 사당과 비교해 보겠습니다. 조선 초기 태조를 제사하는 사당은 앞서 언급한 네 지역에 건립된 사당 이외에 한양에 두 곳이 더 있었습니다. 바로 종묘와 문소전입니다. 문소전에 봉안된 돌아가신 왕들은 태조·태종·세종·문종·세조·예종·성종·중종·인종·명종이었습니다. 이곳은 임진왜란 당시 불에 타서 없어졌고 이후에 다시 짓지 않았습니다. 임진왜란이 일어나기 전까지만 있었던 사당이었습니다.

종묘는 돌아가신 왕과 왕비의 신주를 봉안한 국가를 상징하는 대표적인 사당으로 '태묘太廟'라고도 합니다.

문소전은 돌아가신 몇몇 왕들을 한 곳에 모신 사당으로서 한양의 창덕궁에 있었습니다. 문소전은 '원묘原廟'라고도 하였는데요, 이는 '중복된 사당'이라는 의미입니다. 종묘에 이미 봉안되어 있지만, 다른 공간에 마련한 또 하나의 사당을

지칭하는 말입니다. 문소전은 평상시에 부모님께 아침·저녁
을 올리는 것처럼 '가까이에서 모시기(親親之義)' 위해 만들었
습니다. 종묘와 문소전은 경기전과 달리 신주를 놓고 태조
만을 제사하는 단독 사당은 아니었습니다. 태조는 이 두 곳에
불천지위로 봉안되었습니다. 불천지위란 국가가 망할 때까
지 신주를 없애지 않고 제사를 지내 주는 것을 말합니다. 이
렇게 한양에는 '종묘'와 '문소전'이라는 양묘제兩廟制가 갖추어

져 국가와 왕실의 중심 사당의 역할을 하였습니다.

경기전은 종묘와 문소전과 동일하게 태조를 제사하는 사당이었지만, 태조의 본향, '전주'의 지역적 의미와 결합되어 있습니다. 전주는 왕의 본향을 일컫는 '풍패지향豐沛之鄕'으로 구별된 지역입니다. '풍패'라는 말은 한나라 고조인 유방의 고향으로 '풍패지향'은 제왕의 고향을 일컫는 대명사입니다. 경기전은 '전주'를 배제하고는 의미가 없습니다. 종묘와 문소전이 국가와 왕실을 상징하는 대표적인 사당이었다면, 전주의 경기전은 왕실의 본향이자 뿌리를 상징하는 사당이었습니다. 이것이 사당으로서의 경기전이 지닌 가장 중요한 정체성이자 의미입니다. 태조의 본향을 담고 있는 전주의 경기전은 왕실은 물론 국가의 중요한 중심 사당 중 하나로 자리매김한 것입니다.

더 읽을거리

이성미, 『어진의궤와 미술사』, 소와당, 2012.

조선미, 『어진, 왕의 초상화』, 한국학중앙연구원출판부, 2019.

3장

...

원불교, 새로운 세상을 노래하다
- 전라북도와 새 회상

박병훈(서울대학교 종교문제연구소 연구원)

○

새 세상,
전라북도에서 개화하다

　전북은 유교, 불교와 같은 옛 종교뿐 아니라 그리스도교, 동학과 원불교 등의 새로운 종교까지 아우르고 있는, 한국 종교사에 있어 의미심장한 지역입니다. 예컨대 한국 천주교회 최초의 순교자인 윤지충과 권상연이 처형당한 자리에 세워진 전주의 전동성당과 100년 이상의 역사를 자랑하는 전주 서문교회, 익산 남전교회, 김제 금산교회 등이 전북에 자리 잡고 있으며, 정읍 고부는 동학농민혁명의 불길이 일어나기 시작한 곳임과 동시에, 증산교단들의 연원이 되는 강일순이 태어난 곳이기도 합니다.

　이 글에서는 전북 익산에 총부를 두고 있는 원불교圓佛教

소태산 박중빈

소태산의 대각을 뜻하는 만고일월비
(영산성지 대각터)

에 대해 이야기 나누고자 합니다. 원불교는 1916년 4월 28일 교조 소태산少太山 박중빈朴重彬의 대각으로 성립한 종교로서, 1924년 불법연구회라는 이름으로 전북 익산군 북일면 신룡리(현 익산시 신룡동)에 총부를 세우기에 이릅니다.

1924년은 보천교 등에서 갑자년에 천자가 등극한다는 설로 주목받은 해인데, 마찬가지로 원불교에서도 후천後天의 새로운 세상이 이때부터 비롯된다며 특별한 한 해로 인식했습니다. 후천이란 선천과 대비되는 말로, 선천은 기존의 한계를 지니고 있던 세상을 의미하며, 후천은 각각의 종교가 지향하는 이상적 세상을 의미합니다.

서양에서도 지금 변혁기(變革期)가 왔다고 하며, 이 시대가 말세(末世)라고 하는데 말세라고 하면 바로 비롯이 있을 것이다. 그러면 어느때가 비롯이냐? 대종사님께서는 선후천(先後天)의 측량기점(測量基點)을 지난 갑자년(1924) 정월초일일(正月初一日)에 두시고, 또 수운(水雲)선생께서도 갑자년으로 잡으셨으니, 이 때가 천지개벽의 비롯이며, 갑자 이전은 선천(先天)이요, 음시대(陰時代)며, 갑자 이후는 후천이요, 양시대(陽時代)이다.

－『대산종사법문집 제2집』, 제1부 교리(敎理)
원만평등한 세계건설(四恩四要)

한편으로 2대 종법사 정산鼎山 송규宋奎는 원불교의 회상會上을 이와 같이 말한 적이 있습니다.

"길룡에서 탁근하고 신룡에서 개화하며 계룡에서 결실하

고 금강에서 결복한다.”

- 『대산종사법어』, 제14개벽편 15절

여기서 길룡은 전남 영광군 백수읍 길룡리로 원불교의
발상지이며, 신룡은 전북 익산군 북일면 신룡리로 원불교총
부가 자리 잡은 곳입니다. 이는 곧 전북을 새로운 세상의 중
심지로 삼은 것이었기에 그 의미가 각별합니다. 당시는 일제
의 탄압과 억압으로 극도로 어려운 시기임과 동시에 서구의
물질문명이 물밀듯 들어와 종래의 것들을 버리고 새로운 것

익산 원불교총부 교당 안에 걸려 있는 개교 표어

에 적응하려 애쓴 시기였습니다. 소태산은 이러한 세태를 진단하고, "물질이 개벽되니 정신을 개벽하자"라는 개교 표어를 내세워 정신수양과 사회변혁에 힘을 다하였습니다.

원불교는 일제 강점기의 암울한 세태에서 새로운 세상에 대한 희망을 가사歌辭로 노래하였습니다. 가사는 정철의 「사미인곡」, 「속미인곡」 등으로 잘 알려져 있듯이 3·4조, 4·4조를 기본 율격으로 하는 고전시가의 장르입니다. 가사는 고려 말에 나타나 현재까지 지속적으로 창작되고 있는데, 특정 종교 내에서 창작된 것으로 해당 종교의 사상과 실천을 담은 가사를 특별히 '종교가사'라 할 수 있습니다. 신종교의 경우, 1860년 동학의 탄생과 더불어 한문 경전 『동경대전』과 함께, 국문가사 경전인 『용담유사』가 탄생하였는데, 이 『용담유사』가 신종교가사의 효시가 됩니다. 비록 원불교가 동학과 같이 가사로 된 경전을 만든 것은 아니나, 소태산을 비롯하여 이후의 종사 및 초창기 교인 등은, 가사를 통해 그들이 깨달은 바를 많은 사람에게 전달하고자 애썼습니다. 원불교에서 창작된 가사, 곧 원불교가사를 통해 원불교와 그들이 꿈꾸는 새로운 세상에 대해 알아보고자 합니다. 가사는 시가詩歌의 한 장르인 만큼, 이를 통해 보다 쉽고 편하게 원불교의 내면을 살

『동경대전』(동학농민혁명기념관)

『용담유사』 필사본(국립한글박물관)

필 수 있을 것입니다. 그리하여 전북이 원불교 회상에 있어 새 세상을 맞이하기 위한 중심으로 자리 잡고 있었음을 밝히고자 합니다.

시운과 성인,
그리고 회상

동학의 교조 수운水雲 최제우崔濟愚는 당대를 "십이제국 괴
질운수 다시개벽 아닐런가"라 외치며, 천지가 다시 개벽하는
것과 같은 위기의 시기로 노래했습니다(『용담유사』, 「안심가」·「몽
중노소문답가」). 한편, "하늘님이 내 몸 내서 아국我國 운수 보전
하네"라 하여 자신이 하늘의 명을 받아 사람들을 그로부터 구
해 낸다는 점을 강조하였습니다(『용담유사』, 「안심가」). 그리고 앞
으로의 때를 "무극대도 닦아 내니 오만년지운수(五萬年之運數)
로다"라 규정하여 5만 년의 새로운 운수를 맞이할 것임을 제
시한 바 있습니다(『용담유사』, 「용담가」). 이러한 가사의 흐름 속
에서 시운과 그에 따른 성인의 결합을 확인할 수 있습니다.

곧 위기의 때에 성인이 나타나 사람들을 구제하게 될 것이라는 메시지 말입니다.

원불교에서도 이와 마찬가지의 구조를 보여 줍니다. 소태산은 당시의 암담한 시운時運을 말세로 규정하고 이에 성인이 등장하게 될 것을 말하고 있습니다.

대종사 말씀하시기를 "세상이 말세가 되고 험난한 때를 당하면 반드시 한 세상을 주장할 만한 법을 가진 구세성자(救世聖者)가 출현하여 능히 천지 기운을 돌려 그 세상을 바로잡고 그 인심을 골라 놓나니라."

— 『대종경』, 「전망품」 1장

원불교는 그 이름에서도 알 수 있듯, 불교와 밀접한 관련을 지니고 있습니다. 소태산은 자신의 깨달음은 스승의 지도 없이 얻은 것이지만, 그를 돌이켜 볼 때 과거 부처님의 행적과 말씀에 부합하는 바가 많기에 연원을 불교로 삼는다고 하였습니다(『대종경』, 「서품」 2장). 곧 시운과 성인의 구조를 불교를 통해 바라보아야 함을 알 수 있습니다. 성인은 부처로서 나타나며, 석가모니불은 성인 중의 성인으로 제시되고 있습니다.

"서가모니불(釋迦牟尼佛)은 진실로 성인들 중의 성인이라"
하시고, [···] "장차 회상을 열 때에도 불법으로 주체를 삼아 완전
무결한 큰 회상을 이 세상에 건설하리라."

- 『대종경』, 「서품」 2장

불교와 관련한 시운 인식은 정산이 『회보』 20호에 번역한
『불설멸의경佛說滅義經』에 잘 드러납니다.

세존이 열반 후 정법시대와 상법시대를 지내고 말법(계법)
시대가 되면 세존의 법이 멸망할 때에 마군의 무리가 승려가 되
어 세존의 법을 무너뜨리고 어지럽게 하리니···.

- 『불설멸의경』

곧 정법, 상법, 말법의 시운관을 보이고 있는 것을 알 수
있으며, 말세의 재앙 이후 성인이 강생하여 용화의 대회상을
건설하게 된다고 보고 있습니다.[12] 이는 정산이 번역한 한 불
경의 내용이지만, 한편으로 이러한 인식을 원불교에서도 공

---

12 송천은, 「정산종사의 불교관」, 『정산종사의 사상』, 원불교출판사, 1992, 319쪽.

유하고 있다고 보아도 좋을 것입니다. 원불교 교단은 소태산의 생애와 업적을 기리기 위하여 1953년 비석을 세웠는데, 정산은 이 비석에 「원각성존 소태산 대종사 비명병서圓覺聖尊少太山大宗師碑銘竝序」라는 글을 남겼습니다. 이 글에서 정산은 2대 종법사의 입장에서 불교의 정법, 상법, 말법 시운관을 분명히 하는 모습을 보여 줍니다.

대범(大凡), 천지에는 사시가 순환하고 일월이 대명(代明)하므로 만물이 그 생성의 도(道)를 얻게 되고 세상에는 불불(佛佛)이 계세(繼世)하고 성성(聖聖)이 상전(相傳)하므로 중생이 그 제도(濟度)의 은(恩)을 입게 되나니 이는 우주자연의 정칙(定則)이다.

옛날 영산회상(靈山會上)이 열린 후 정법(正法)과 상법(像法)을 지내고 계법시대(季法時代)에 들어와서 바른 도가 행하지 못하고 삿된 법이 세상에 편만(遍滿)하여 정신이 세력을 잃고 물질이 천하를 지배하여 생령(生靈)의 고해(苦海)가 날로 증심(增深)하였나니, 이것이 구주(救主)이신 대종사(大宗師)께서 다시 이 세상에 출현하시게 된 기연(機緣)이다.

－「원각성존 소태산 대종사 비명병서」

부처와 부처, 성인과 성인이 계속하여 세상에 태어나는 모습을 묘사하며, 영산회상과 정법·상법·말법으로 나뉜 교법의 세 시기에 대해 언급합니다. 영산회상이란 석가모니가 영취산靈鷲山에서 법화경을 설법하였을 때의 모임이며, 정법의 때는 교법敎法·수행修行·증과證果가 갖춰진 시기, 상법의 때는 교법·수행만 남은 시기, 계법, 곧 말법의 때는 마지막으로 교법만 남은 시기를 의미합니다. 여기서는 말법의 때를 "바른 도가 행하지 못하고 삿된 법이 세상에 편만하여 정신이 세력을 잃고 물질이 천하를 지배하여 생령의 고해가 날로 증심"하는 때로 묘사하고 있습니다. 이러한 말법의 묘사는 곧 당대의 현실을 의미합니다.

앞서 '세상이 말세가 되고 험난한 때를 당하면 반드시 한 세상을 주장할 만한 법을 가진 구세 성자가 출현'한다는 인식을 살펴본 바 있습니다. 말법의 도래에 따라 성인이 등장하여야 할 것인데, 정산은 그 성인을 소태산으로 규정한 것입니다. 정산은 또한 다음의 언급을 통해 소태산이 새 세상의 주세불임을 선언합니다.

"대종사 비문은 예사 송덕이나 예사 기공(紀功)에 그친 것이 아니라 대종사께서 모든 성인을 집대성하신 대인격이시요 새 세상의 주세불이신 것을 법계에 선언하는 데에 주안을 둔 것이다."

- 『한울안 한이치에』, 제1편 「법문과 일화」, 9. 오직 한 길 36절

3대 종법사 대산大山 김대거金大擧가 "정산 종사께서 대종사를 주세불로 드러내 주셨기에 우리 회상도 주세불 회상으로 드러났나니, 우리도 대종사와 정산 종사의 뜻을 잘 받들어 이 교법이 영원한 세상에 드러나도록 해야 할 것이니라"라 언급한 것에서도 주세불로서 정산을 보는 인식이 잘 드러납니다(『대산종사법어』, 「신심편」 4절). 곧 소태산은 말법의 시대에 내려와 고통을 겪는 사람들을 구제하고 새로운 세상을 맞이하는 주세불로서 인식되고 있습니다.

주세불과 관련하여 회상會上에 대한 설명을 간단히 해 보겠습니다. 회상은 설법을 듣는 법회·모임을 말하는데, 석가모니의 회상을 '영산회상'으로, 앞으로 올 미륵의 회상을 '용화회상'이라 칭합니다. 새로운 시대의 주세불로서 소태산은 자신의 회상에 대해 "우리가 건설할 회상은 과거에도 보지 못하였고 미래에도 보기 어려운 큰 회상"이라 표현한 바 있습니

다(『대종경』, 제1서품 8절). 회상은 '교단'과도 뜻이 통하면서도, 부처와 새 시대와 관련되었기에 그 의미가 보다 넓다고 하겠습니다.

새 세상을 노래하다:
소태산과 정산의 가사

우선 교조 소태산과 2대 종사 정산의 가사를 통해 새로운 세상을 어떻게 꿈꾸고 노래했는지, 그리고 그러한 세상을 맞이하기 위한 노력으로 어떠한 방법을 제시하였는지 알아보려 합니다. 소태산이 지은 가사들은 「탄식가歎息歌」, 「경축가慶祝歌」, 「권도가勸道歌」, 「회성곡回性曲」, 「교훈편教訓篇」, 「안심곡安心曲」, 「십계법문가十戒法門歌」, 「만장輓章」, 「전반세계가氈盤世界歌」 아홉 편이 전해지고 있습니다.

이 가사들 가운데 앞서 보았던 새로운 세상에 초점을 맞추어 그 내용을 소개해 보고자 합니다. 우선 「전반세계가氈盤世界歌」는 박용덕 교무가 소태산 고향 마을의 원로 교도인 한

	제목	출전
1	탄식가(歎息歌)	『회보(會報)』 62(1940.1)
2	경축가(慶祝歌)	〃
3	권도가(勸道歌)	〃
4	만장(輓章)	〃
5	전반세계가(氈盤世界歌)	『대종사 가사집』[13]
6	회성곡(回性曲)	『새 회상 시가 모음』[14]
7	교훈편(教訓篇)	〃
8	안심곡(安心曲)	〃
9	십계법문가(十戒法門歌)	『소태산 박중빈의 문학세계』[15]

귀철에게 구송을 받은 작품입니다.[16] 소태산은 다 같이 평등하게 잘 살 수 있는 세상을 전반세계氈盤世界[17]라 하여 다음과

---

13 원불교 교화부, 『대종사 가사집』, 1979.

14 원불교 문화부, 『새 회상 시가 모음』, 원불교출판사, 1982.

15 이혜화, 『소태산 박중빈의 문학세계』, 깊은샘, 1991.

16 이혜화, 『소태산 박중빈의 문학세계』, 깊은샘, 1991, 76-78쪽 참조.

17 경전 내에서 '전반세계(氈盤世界)'의 의미가 분명히 설명되지는 않습니다. 이혜화는 전반세계를 다음과 같이 논하고 있습니다. "전(氈)의 반(盤)이란 일정한 길이의 입모(立毛, pile)를 가지런히 기모(起毛)하여 짜 이루는 모직반(毛織盤, 양탄자) 같은 것이 아닐까 한다. 이로 볼 때, 전반세계라면 평등하면서도 전체적인 조화를 이루는 이상적 복지사회쯤으로 보면 대과 없을 것이다." 이혜화, 「문학적 시각에서 본 소태산의 생애와 사상」, 『원광』 173(1989.1.), 127쪽.

같이 노래하고 있습니다.

> 전반세계 이 가운데 나열하는 우리 동포
> 국방 지방 다 버리고 도덕으로 힘을 써서
> 역력히 밝혀내어 산과 같이 높게 하면
> 군군면면(郡郡面面) 통하리라
> 국방 현문 돌아가고 일출만화 돌아와서
> 면면촌촌 꿈을 깨니 새 천지가 이 아닌가
> 용과 봉을 찾는 사람 이수 멀다 탓을 말고
> 돌산에다 길을 물어 치산 봉산 넘어서서
> 암중 여래 대면하소

-「전반세계가」

이상세계로 제시된 전반세계에 사람들이 살기 위한 조건으로 우선 '도덕'이 요청되고 있습니다. 도덕으로 힘을 써 그 도덕의 정도를 산과 같이 높게 한다면 온몸의 모세혈관에 피가 돌듯 '군군면면'의 좁디좁은 곳까지 그 도덕 내지는 문명이 다 통할 것이라는 것입니다. 곧 전반세계는 아무 노력 없이 저절로 내려오는 세계가 아니라 모든 사람이 각자 도덕에 힘을 써야만 성취할 수 있는 평등세계입니다. 사실 평등세계가 될 수 있는 이유도 각자가 그에 맞게 애를 썼기 때문일 것입니다. 이를테면 『대산종사법문집』에서는 세상을 골라 평등세계, 곧 전반세계를 이루는 방법으로 사요四要(네 가지 긴요한 윤리 덕목)를 들고 있습니다. 사요란 곧 '자력양성(자력을 키워 자신의 의무와 책임을 다하자는 것)', '지자본위(배움을 구할 때 자신 이상의 사람을 스승으로 삼아 배우자는 것)', '타자녀교육(자신과 남의 구별을 벗어나 모든 뒷세대를 두루 교육하자는 것)', '공도자숭배(대중을 위해 여러 방면으로 공헌한 이를 공적에 따라 숭배하자는 것)'인데, 다음에서는 사요와 전반세계의 관련성이 나타납니다.

전 인류가 잘 살기로 하면 이 세상이 골라져야 할 것이요, 세상이 골라지기로 하면 사람사람이 먼저 자력을 세워야 하고, 배워 알아야 하고, 또 의무적으로 가르쳐 주어야 하며, 공도주의를 실현하면 인류의 생활이 무위이화(無爲而化)로 골라질 것이요, 교육이 골라지면 지식이 골라지고, 지식이 골라지면 인류의 인권(人權) 또한 골라져서 자연 다 같이 잘 살 수 있는 전반세계가 이루어질 것이다.

－『대산종사법문집』, 제1집 「정전대의」

그러나 현실적으로 모든 사람이 스스로 도덕을 닦을 능력이 있는 것은 아니며, 이를 위해 요청되는 것이 성인입니다. 성인의 역할은 사람들에게 도덕을 전하여 가르쳐, 혼몽에서 깨도록 하는 것이고, 한편으로 이를 통해 '새 천지'를 맞이하도록 합니다. 「전반세계가」에서 '용龍과 봉鳳'은 성인을 의미하는 것이며, 이를 위해 '이수里數', 곧 거리가 멀다고 하지 말고 성인을 찾아 '암중庵中 여래如來', 곧 암자 중에 있는 여래[18]를 만나라고 강조하고 있습니다. 한편 다음으로 「경축가」의 한 부분을 보도록 하겠습니다.

영산에 꽃이 피어 일춘만화(一春萬花) 아닐런가
일춘만화 되게 되면 사시절이 이 아닌가
사시절을 알게 되면 순리역리(順理逆理) 알 것이요
혼몽자각(混夢自覺) 될 것이요 풍운변화(風雲變化) 알 리로다
풍운변화 알게 되면 차별 이치 없어지고
일원대원(一圓大圓) 될 것이니 경축가나 불러 보세

---

18 '암중 여래'에 대해서는 다음을 참조하기 바랍니다. 이혜화, 『소태산 박중빈의 문학세계』, 깊은샘, 1991, 107쪽.

경축가 사오성(四五聲)에 백발이 없어지고 소년 시절 이 아
닌가

일심으로 경축하니 우리 천지 만만세라

일심으로 경축하니 우리 천지 만만세라

-「경축가」

영산에 꽃이 피는 것을 '일춘만화'로 표현하고, 이를 연쇄
적으로 사시절 → 순리역리 → 혼몽자각 → 풍운변화 → 일원
대원으로 연결지었습니다. 곧 일원대원一圓大圓이 펼쳐질 세
상을 맞이하는 감동을 노래한 것입니다. 일원과 대원에 관해
서는 그 의미가 심장하여 설명하기 어려우나, 다음의 일화를
참조할 만합니다. 곧 원불교 초기에 소태산이 정산에게 '일원'
이라는 제목에 대해 글을 쓰라 하자 정산이 다음과 같이 지었
다고 합니다. 이에서 볼 때 일원과 대원은 서로 통하는 개념
이라 볼 수 있습니다.

만유화위일(萬有和爲一) 천지시대원(天地是大圓)

만유는 일(一)로써 되고 천지는 크게 둥근 것

2대 종법사 정산 송규

소태산의 가사에 이어 정산의 「원각가」를 보도록 하겠습
니다. 「원각가」는 1932년 우주와 인생의 근본진리에 대해 노
래한 장편의 가사입니다. 특히 변變·불변不變의 이치, 곧 변화
하고 변화하지 않는 이치에 대해 핵심적으로 논하고 있습니
다. 변화에 대해 말하는 부분에 대해 우선 살펴보겠습니다.

변화변화 하는 것은 천지순환 아닐런가

천지순환 하는 때에 주야사시 변화로다

[…]

천지변화 이 가운데 만물변화 자연이요

만물변화 하는 때에 인생변화 아닐런가

인생변화 하고 보니 세계변화 절로 된다.

변화에 쌓인 생령들아 이런 이치 알아내어

동서남북 통해 보고 내두사(來頭事)를 기약하소

영허질대(盈虛迭代) 우주간에 세상만사 어떻든고

흥망성쇠(興亡盛衰) 번복되니 부귀빈천 무상이요

강자 약자 전환되니 계급 차별 달라진다

-「원각가」

천지의 순환을 살펴 변화에 대해 깨달은 바를 논하고 있습니다. 봄, 여름, 가을, 겨울 네 계절이 운행하듯 천지와 만물이 항상 변화합니다. 그리고 이 변화에 따라 사람의 삶도 변화한다는 것입니다. 사람들에게 변화의 이치를 살필 것을 권고하며, 앞으로의 일 역시 대비하도록 하고 있습니다. 천지의 순환은 앞서의 논의를 빌리자면 시운이라 할 수 있습니다. 곧 시운에 따라 인생사 역시 흥하면 망하고 성하면 쇠하여 부귀와 빈천이 항상 변화하고, 강자와 약자가 언제든 전환될 수 있다는 가르침을 주고 있습니다.

어화 우리 동무들아 이런 변화 구경하소

천천만만 변화법을 역력히 말할손가

우리 인간 당행로로 두어 가지 일렀으니

너와 나와 연구하여 본래(本來) 시종(始終) 알아보세

아무리 안다 해도 공부 없이 뉘 알손가

억조창생 돌아보니 선변악변(善變惡變) 둘이 있어

억조창생 돌아보니 선변자(善變者)는 승급(昇級)이요

악변자는 강급(降級)일레

승급 강급 아는 사람 선변으로 올라 오소

-「원각가」

인생의 변화는 시운에 따라 변하는 수동적인 것이 아니며, 연구와 공부를 통해 능동적으로 바꿀 수 있음을 말하고 있습니다. 변화의 두 방향, 선변과 악변에 대해 선변자는 승급할 것이고, 악변자는 강급할 것임을 보여 줍니다. 이는 변화가 갖는 좋은 성격입니다. 변화가 있기에 나쁜 것도 좋은 것으로 변화시킬 수 있습니다. 이런 통찰과 그에 따른 공부의 권면은 예부터 성인의 몫이었음을 다음에서 보여 줍니다.

자고(自古) 성현(聖賢) 명인(名人)들은 이런 변화 알아내어

도덕 강령(綱領) 세워 놓고 주유(周遊) 사시(四時) 놀아 갈 제

순회불궁(循廻不窮) 예산 있고 불편불의(不偏不倚) 아닐런가

가련하다 가련하다 불신자(不信者)는 가련하다

[…]

그러므로 모든 성현 이런 법을 밝혔으니

자세 보아 도통하여 전천추(前千秋) 후천추에

일관(一貫)으로 알아 보세

- 「원각가」

천지순환의 이치를 살펴 그 변화를 알아내고, 그 변화에 따라 인생을 맞춰 나갈 수 있도록 도덕강령을 세우는 역할이 바로 성인의 임무입니다. 일반 사람들로서는 시운의 변화를 알기 어려우며, 그 변화의 이치에 따라 도덕을 수양하기는 훨씬 어려운 일입니다. 예부터 모든 성인은 이러한 이치를 이미 밝혀 놓았으니 이를 자세히 살피라는 경계가 「원각가」에 들어 있습니다.

지금까지 변화의 이치를 설명하였습니다. 「원각가」의 주요 주제가 변·불변의 이치라 하였는데, 불변에 대해 논하는

부분을 보도록 하겠습니다.

일관 이치 알고 보니 불변불변 아닐런가
불변불변 하는 것은 불생불멸 진리로다
천지 만물 돌아보니 여여자연 의구(依舊)하고
춘하추동 지내 보니 무왕불복(無往不復) 그뿐이요
생사거래 생각하니 소소영영(昭昭靈靈) 하나이요
화복 귀천 생각하니 인과법이 정수(定數) 있어
호리불차(毫釐不差) 아닐런가
이 같은 변화법이 정수로 변화로다
정수로 변화하니 고금이 다를손가
이 말 저 말 분등(紛騰)해도 본리(本理)는 당연이라
변 불변이 동도(同道)하니 변화가 불변이오
변 불변이 변화로다
[…]
눈을 들어 보려무나 잠을 깨어 보려무나

‑「원각가」

불가에 제행무상諸行無常이란 말이 있습니다. '세상의 모든 것이 다 변한다'는 뜻입니다. 그러나 그 변한다는 원칙 자체는 변하지 않습니다. 「원각가」에서 보여 주는 변·불변의 이치 역시 이와 마찬가지 양상을 보입니다. 천지만물의 운행 이치는 여여자연如如自然, 곧 자연 그 자체가 여여如如하며, 춘하추동 사계절도 가면 '돌아오지 않음이 없는 이치'이고, 생사가 오가는 것도 그 가운데 어두워지지 않는 밝은 본성이 있음을 보여 주고 있고, 화禍와 복福이 행위에 따라 돌아오는 것 역시 추호의 차이도 없이 정해져 있습니다. 이러한 이치들은 변하지 않는 원리입니다. 이러한 점들을 알게 될 때 잠을 깨고 일체의 생령을 제도하게 된다고 정산은 「원각가」를 통해 밝히고 있습니다.

한편 「원각가」의 변·불변의 논의는 『정산종사법어』와 관련시켜 보면 좀 더 분명하게 드러납니다.

이 세상은 변하는 이치와 불변하는 이치로 이룩되어 있나니, 우주의 성주괴공과 사시의 순환이며 인간의 생로병사와 길흉화복은 변하는 이치에 속한 것이요, 불변하는 이치는 여여자연 하여 시종과 선후가 없는지라 이는 생멸없는 성품의 본체를 이름이니라. 우리는 변하는 이치를 보아서 묵은 습관을 고치고 새로운 마음을 기르며 묵은 제도를 고치고 새로운 제도로 발전시키는 동시에, 그 변화 가운데 불변하는 이치가 바탕해 있음을 깨달아서 한 없는 세상에 각자의 본래 면목을 확립하여 천만 변화를 주재하며, 원래에 세운 바 서원을 계속 실천하여 천지로 더불어 그 덕을 합하여야 할 것이니, 이는 곧 천지의 변화하는 이치를 보아서 변할 자리에는 잘 변하며, 천지의 불변하는 이치를 보아서 변치 아니할 자리에는 또한 변치 말자는 것이나, 변과 불변은 곧 둘 아닌 진리로서 서로 떠나지 못할 관계를 가지고 있나니, 그대들은 이 변 불변의 둘 아닌 이치를 아울러 깨달아서 각자의 공부길을 개척하라.

－『정산종사법어』, 「법어」 원리편

세상은 '변하는 이치'와 '불변하는 이치'로 이뤄진 것입니다. 그러나 이 두 가지 이치는 서로 분리되어 따로 존재하는 것이 아니며 서로 떼어 놓을 수도 없는 관계에 있습니다. '변하는 이치'가 있어 옛것을 새로운 것으로 고치고 낫게 만들 수 있는데, 그러한 이치 자체는 변하지 않습니다. 곧 '불변하는 이치'가 바탕에 깔려 있습니다. 각자가 지닌 '본래 면목' 또한 변하는 것이 아니기에 현실의 우리가 '본래 면목'을 되찾아 확립할 수 있다면, 세상의 천 가지, 만 가지 변화를 주재할 수 있게 될 것입니다. 이러한 심오한 공부법의 이치를 「원각가」는 쉽게 노래로 전달해 주고 있는 것입니다.

대종사와 가르침에 대해 노래하다: 이공주와 신원요의 가사

앞서 소태산과 정산의 가사를 중심으로 새로운 세상에 대한 인식을 살폈다면, 여기서는 종도들의 가사를 통해 스승과 그에 대한 가르침에 대한 인식을 살펴보도록 하겠습니다. 이 역시 새로운 세상의 회상에 대한 주요한 주제들입니다.

원불교 초창기의 대표적 여성 교역자인 구타원^{九陀圓} 이공주^{李共珠}는 소태산으로부터 법낭^{法囊}이라는 아호를 받을 만큼 소태산의 법설을 많이 받은 분이고, 많은 가사를 지었습니다. 그중 새 회상에 참여하는 그의 심정을 잘 노래한 「구제선」이란 작품을 보고자 합니다.

무변대해 망망한데 조각배에 몸을 싣고

정처 없이 나아가매 과연 앞길 망연하다

가기는 가면서도 방행로를 못 잡아서

맑은 정신 하나 없이 어찌할 바 모르던 중

우연하신 도움으로 큰 배 한 척 발견하니

이 내 몸을 도우려는 구제선이 분명코나

선주이신 유아종사 고해중생 건지려고

정신육신 희성하여 진작 이 배 만드셨네

크기도 하려니와 도력이 무궁하여

누구나 원만하면 얼마든지 탈 수 있네

- 「구제선」

    당대의 암울한 사회상에서의 생활을 망망한 무변대해 위에서 정처 없이 나아가는 조각배에 비유하였습니다. 방향도 알지 못하고, 정신도 제대로 차리지 못하고 있는 상황에서 화자는 우연하게 큰 배 한 척을 발견하게 됩니다. 이 배는 고통받는 중생을 도우려는 마음으로 소태산 대종사가 지은 것이라 하였습니다. 곧 배는 원불교 회상을 상징합니다.

    중생제도를 배와 연결하는 관념은 종교에서 익숙한 관념

입니다. 예컨대 불교의 경우, 일반 신자들이 많이 독송하는 『천수경千手經』에서도 반야선般若船의 개념이 보이며, 일제 강점기하에서 많이 불렸던 비결가사 『채지가』의 「남조선 뱃노래」에서도 "띄워라 배띄워라 남조선 배띄워라 만경창파 넓은 바다 두둥실 배띄워라 [···] 주중지인 많은친구 수신수덕 하였던가 일심공부 하올적에 이배타기 소원일네"[19]라 하여 이런 관념이 단적으로 보입니다. 이 가사에서도 이 관념을 효과적으로 원불교 회상과 연결짓고 있습니다.

> 배의 장엄 볼작시면 삼강령 기치하에
> 사은사요 돛을 달고 솔성요론 노를 저어
> 낮과 밤을 불구하고 언제든지 용진하니
> 그 어떠한 파도라도 두려울 일 전혀 없고
> 간혹 외적 있다 하나 사불범정이라 하니
> 선행주장 우리 배에 범할 이치 만무하다
> 더우기 우리들은 선주님의 명령으로
> 육근동작 하여 갈 때 제문규약 실행하며

---

19   이찬구 주해, 『채지가 9편』, 나무의꿈, 2010, 48, 51쪽.

인도정의 탈선 않고 그날그날 지켜가니

이대로만 나간다면 고해 침몰 아니하고

낙원생활 할 것이요 영원쾌락 누릴지니

어화어화 좋을시고 우리선원 복이로다

- 「구제선」

　배의 부분부분들을 원불교의 교리 내용과 연결짓고 있습니다.[20] 곧 기치旗幟는 삼강령,[21] 돛은 사은사요四恩四要,[22] 노는 솔성요론率性要論[23]에 비유되고 있습니다. 이런 원불교의 핵심 교리와 사상을 바탕으로 배로 상징되는 교단은 낮과 밤을 가리지 않고 용감하게 전진할 수 있다고 말합니다. 또한 선주인 소태산의 명으로 일상생활(六根動作)[24]에서 여러 규약을 지

20　이런 전통은 조선 시대의 도덕가사류에서 이어받은 것입니다.

21　원불교 기본교리인 '삼학팔조'를 교단 초기에는 '삼강령팔조목'으로 표현하였습니다. 곧 삼강령은 정신수양(精神修養)·사리연구(事理硏究)·작업취사(作業取捨)를 말합니다.

22　원불교의 중심 교리로, 사은(四恩)은 천지은(天地恩)·부모은(父母恩)·동포은(同胞恩)·법률은(法律恩)을, 사요(四要)는 앞서 살펴본 대로 자력양성(自力養成)·지자본위(智者本位)·타자녀교육(他子女敎育)·공도자숭배(公道者崇拜)를 말합니다.

23　본래 성품을 잘 거느리기 위한 16가지 조항을 말합니다.

24　안·이·비·설·신·의(眼·耳·鼻·舌·身·意) 육근(六根)의 작용으로, 일상의 모든 활동을 의미합니다.

키고 있기에 세상의 고해^{苦海}에 빠지지 않고 낙원에서 영원한
쾌락을 누릴 것이라는 희망을 잘 보여 주고 있습니다.

백용성^{白龍城}의 문하에 있다가 성성원^{成聖願}을 통해 소태
산을 만나게 되어 이후 원불교에 전력하였던 신원요^{愼元堯}의
가사를 하나 더 보고자 합니다. 소태산에 대한 교도들의 심정
이 잘 표현된 가사입니다.

장하시다 우리 종사 사생(四生)의 자부(慈父)시라
일체생령(一切生靈) 제도(濟度)코자 이 세상에 나오셨네

장하시다 우리 종사 암야(暗夜)에 등촉(燈燭)이라
공부요도(工夫要道) 밝히시고 인생요도(人生要道) 정하셨네

다행하다 우리 동지 때도 좋고 도(道)도 좋다
삼계화택(三界火宅) 우리 중생 이 일 외에 또 있는가

권하노니 우리 동지 먹은 마음 변치 말고
세모설한 엄동절에 송죽같이 굳세어라

− 「다행한 우리 동지(同志)」

소태산 대종사를 모든 생명(四生)²⁵의 자애로운 아버지(慈父), 어두운 밤의 등불로 비유하며, 모든 이를 구제하기 위한 사명을 지녔다는 것과 그를 위해 공부와 인생의 길을 정하였음을 담백하게 표현하고 있습니다. 그리고 스승에 대한 칭송에 이어 동지同志를 향한 권고로 넘어갑니다. 좋은 시운에 좋은 도를 맞이하였으니 삼계三界²⁶에서 불타는 집²⁷에 있는 것과 같은 중생들이 힘써야 할 일이 이 도를 닦는 것이라는 것입니다. 그리고 원불교 회상의 동지들이 해가 저물어 가는 때의 추위와 같은 어려움에도 소나무와 대나무같이 굳세게 마음을 변치 말 것을 당부하고 있습니다. 소태산은 "새로운 회상을 세우기로 하면 근본적으로 그 교리와 제도가 과거보다 우월하여야 할 것은 말할 것도 없으나 그 교리와 제도를 널리 활용할 동지들을 만나지 못하면 또한 성공하기가 어렵나니라"(『대종경』 제13교단품 42절) 하여 동지의 중요성에 대해 강조한

---

25 사생(四生)은 불교에서 태생(胎生), 난생(卵生), 습생(濕生), 화생(化生)을 일컫는 말로 출생 방식에 따라 생명을 구분짓는 말입니다.

26 삼계란 불교에서 욕계(欲界), 색계(色界), 무색계(無色界)의 윤회의 세상을 말합니다.

27 가사 본문의 '삼계화택(三界火宅)'은 『법화경』「비유품」에서 나오는 표현입니다. 삼계, 곧 번뇌에 시달리는 중생세계가 마치 불에 타오르는 집과 같음을 비유하는 말입니다.

바 있는데, 새 회상을 이루는 교도들의 굳은 마음이 이 가사
에서 잘 표현되고 있습니다.

⭕

가사로써
세상을 구한다

　지금까지 원불교의 가사를 통해 새로운 시대에 대한 원불교의 인식을 살펴보았습니다. 정산은 다음과 같이 성가聖歌를 평한 바 있습니다.

　병상에서 학인들의 성가를 들으시고 말씀하시기를 "내 어려서 천어처럼 생각되기를 '풍류로써 세상을 건지리라' 하였더니, 옛 성인도 '풍기를 바루고 시속을 바꾸는 데에는 풍류 같음이 없다' 하셨느니라. 성가를 일종의 노래로만 알지 말라. 그 속에 진리가 들어 있나니, 그 가사를 새기며 경건히 부르라."
　　　　　　　　　　-『정산종사법어』, 제15편 「유촉편」 17절

풍류風流란 일차적으로는 '멋스럽고 풍치가 있는 일'을 뜻하는 말이지만 여기서 성가를 비롯한 음악을 뜻한다고 본다면, 가사에 대한 평가와도 상통할 것입니다. '풍류로써 세상을 건지리라'란 말이 하늘에서 내린 말(天語)과도 같이 생각되었다고 하였고, 비슷한 성인의 말 또한 언급하고 있습니다. 이런 점들을 볼 때, '가사로써 세상을 구한다'라고 바꿔 말해도 좋을 것 같습니다. 가사는 비록 고려 말부터 전해 내려온 헌 부대였지만, 고난에 시달리는 사람들에게 새 시대의 새로

운 생각을 담아 희망을 전하기에 여전히 충분한 역할을 할 수 있었기 때문입니다.

한편으로 원불교가 가사로써 새로운 시대, 새로운 세상을 꿈꾸고 노래하는 가운데, 전북이 그 중심에 있었습니다. 원불교의 회상會上이 "길룡에서 탁근하고 신룡에서 개화하며 계룡에서 결실하고 금강에서 결복한다"한 것처럼 전북은 원불교의 이상을 함께하는 공동체, 곧 회상에 있어 새로운 시운에 따라 온갖 꽃을 피울, 일춘만화一春萬花의 중심지로 자리 잡고 있는 것입니다.

＃ 더 읽을거리

고은임 외, 『전라북도의 종교와 신화』, 서울대학교출판문화
    원, 2021.

박정훈, 『한울안 한이치에』, 원불교출판사, 1982.

원불교문화부, 『새 회상 시가 모음』, 원불교출판사, 1982.

『원불교전서』

육관응, 『정산종사의 원각가 연구』, 경남, 2000.

이혜화, 『대종사 가사집』, 원불교출판사, 1979.

_____, 『원불교의 문학세계』, 원불교출판사, 2012.

4장

...

해원상생과 후천개벽 운동의 산실, 강증산과 전라북도

박인규(서울대학교 종교학과/대진대학교 대순종학과 강사)

전라북도와
강증산

조선 말 고종 때의 인물인 황현黃玹은 19세기 조선의 정세와 동학농민운동에 대해 상세히 기술한 『오하기문梧下紀聞』에서 다음과 같이 말하며, 호남은 물산이 풍부하고 충의지사를 배출한 인재의 보고라 하였습니다.

"호남은 우리나라 남쪽의 울타리로 산천의 경개(景槪)가 뛰어나고 물산이 풍요로워 온 나라가 먹고 입는 자원의 절반은 호남에 의지하고 있다. 이 지방 사람들은 재주가 명민하고 잘 숙달되어 옛날부터 재주와 지혜가 뛰어나고 지략이 있는 선비들이 종종 배출되었다. […] 세상에서는 호남은 인재가 많고 절

개와 의리를 숭상한다고 하였는데 이것은 진실로 거짓이 아니
다."[28]

그런데 뛰어난 인재들은 벼슬길이 막히고, 백성들은 간
악한 벼슬아치들에게 토색과 수탈을 당하여 원망이 깊어졌으
므로 동학에 가담하였다고도 기술하였습니다.
동학은 경상도에서 시작하였지만, 전라도에서 깊은 반향
을 일으켜 동학농민운동으로 전개됩니다. 조선 후기부터 구
시대적인 모순을 자각하기 시작한 풀뿌리 민중은 이제 새로
운 세상으로의 변혁을 꿈꾸며 힘차게 자기 목소리를 내기 시
작하였던 것입니다. 왕조 시대에 역사의 주변부에 밀려나 있
던 민民은 동학농민운동을 계기로 주체적으로 전면에 나서게
됩니다.
동학농민운동과 이후 호남은 일제 강점기에 다시금 전 조
선의 주목을 받았는데, 이는 1920년대 천도교의 교세를 능가
할 만큼 급성장한 보천교의 본부가 정읍에 있었기 때문입니
다. 당시 전라북도 정읍은 보천교의 교주 차천자(차경석)가 있

---

28 황현, 『오하기문』, 김종익 역, 역사비평사, 1994, 61쪽.

는 곳으로 널리 알려졌으며 수많은 조선 민중은 차천자를 보기 위해 멀게는 평안도 지역에서도 정읍을 방문하였습니다. 보천교 이외에도 조철제의 무극도 본부가 정읍에 있어 다수의 경상도·강원도 출신 신앙인들이 이주하였습니다. 김제 모악산 금산사 주변에도 다수의 종교 단체가 설립되었습니다.[29]

　　보천교, 무극도와 더불어 금산사 주위의 여러 신종교 단체들의 공통점은 증산甑山 강일순姜一淳을 신앙의 대상으로 하고 수행을 한다는 점입니다. 증산은 어떤 인물이며 어떠한 가르침을 펼쳤기에 이처럼 많은 민중을 감화시켰던 것일까요? 여기서는 민족적 고난을 극복하고 민중을 구제하고자 하였으며, 더 나아가 우주를 개벽하고자 하였던 선각자인 증산의 생애와 그의 주된 종교 사상을 살펴보겠습니다. 이를 통해 한국 종교사에서 전라북도가 바로 일제 강점기 이후 민족종교의 주요한 사상인 해원상생과 후천개벽 운동의 산실임을 보이고자 합니다.

29　류병덕은 한국 신종교를 모악산 중심의 신종교와 계룡산 중심의 신종교로 구분하기도 하였습니다. 계룡산 중심의 신종교는 여러 계통의 신종교가 혼합된 반면, 모악산 중심의 신종교는 증산계 단체라고 하였습니다. 곧 모악산은 증산 신앙 운동의 핵심 성산(聖山)이라 할 수 있습니다. 류병덕, 『한국신흥종교』, 원광대학교 종교문제연구소, 1992, 212-396쪽.

증산의 탄생과 성장

증산 강일순 선생은 고종 8년(1871) 9월 19일 전라북도 고부군 우덕면 객망리(현 정읍시 덕천면 신월리)[30]의 진주 강씨 가문에서 탄생하였습니다. 그의 탄생과 관련하여 신비스러운 기록이 전하는데, 하늘로부터 두 선녀가 산실로 내려와 아이를 모셨고 방 안은 신이한 향기로 가득 찼으며, 밝은 기운이 온 집을 둘러싸고 하늘에 뻗쳐 있었다고 합니다. 증산 선생은 자신의 탄생과 관련하여 다음과 같이 말하였다고 전해집니다.

---

30   증산이 탄생한 생가의 정확한 지번이 알려지지 않았는데, 최근의 연구에 의해 신월리 436번지임이 밝혀졌습니다. 박인규, 「증산 강일순 생가터의 고증과 종교문화적 의의」, 『종교와 문화』 36, 서울대학교 종교문제연구소, 2019, 129-161쪽.

상제께서 어느 날 김형렬에게 가라사대 "서양인 이마두(利瑪竇.마테오리치)가 동양에 와서 지상 천국을 세우려 하였으되 오랫동안 뿌리를 박은 유교의 폐습으로 쉽사리 개혁할 수 없어 그 뜻을 이루지 못하였도다. 다만 천상과 지하의 경계를 개방하여 제각기 지역을 굳게 지켜 서로 넘나들지 못하던 신명을 서로 왕래케 하고 그가 사후에 동양의 문명신(文明神)을 거느리고 서양에 가서 문운(文運)을 열었느니라. 이로부터 지하신은 천상의 모든 묘법을 본받아 인세에 그것을 베풀었노라. 서양의 모든 문물은 천국의 모형을 본뜬 것이라" 이르시고 "그 문명은 물질에 치우쳐서 도리어 인류의 교만을 조장하고 마침내 천리를 흔들고 자연을 정복하려는 데서 모든 죄악을 끊임없이 저질러 신도의 권위를 떨어뜨렸으므로 천도와 인사의 상도가 어겨지고 삼계가 혼란하여 도의 근원이 끊어지게 되니 원시의 모든 신성과 불과 보살이 회집하여 인류와 신명계의 이 겁액을 구천에 하소연하므로 내가 서양 대법국(大法國) 천계탑(天啓塔)에 내려와 천하를 대순(大巡)하다가 이 동토(東土)에 그쳐 모악산 금산사(母岳山金山寺) 삼층전(三層殿) 미륵금불(彌勒金佛)에 이르러 30년을 지내다가 최제우(崔濟愚)에게 제세대도(濟世大道)를 계시하였으되 제우가 능히 유교의 전헌을 넘어 대도의 참뜻을 밝히지 못하므로 갑

자년에 드디어 천명과 신교(神敎)를 거두고 신미년에 강세하였
노라"고 말씀하셨도다.

- 대순진리회 교무부, 『전경』, 대순진리회출판부, 1972,
교운 1장 9절(이하 『전경』으로 표시).

  즉 서구 문명이 인류의 교만을 조장하고 자연을 정복하
려는 데서 수많은 죄악을 저질러 천지 질서가 어그러지자 본
래 구천의 상제인 증산이 원시의 모든 신성·불·보살의 호소
와 청원으로 이 세상에 내려왔다는 것입니다. 증산은 탄생하
기 이전 김제 모악산 금산사 미륵금불에 영靈으로 30년을 머
물고 있으며 수운 최제우에게 세상을 구할 도리를 계시하였
다가 그가 도리의 참뜻을 밝히지 못하므로 1871년 신미년에
탄생하였다고 합니다. 이러한 내용에서 스스로 하늘에서 내
려온 상제라고 생각한 증산은 동학의 교조 최제우의 종교 체
험 및 깨달음이 상제인 자신의 계시에서 비롯된 것이라 하였
습니다. 곧 증산은 동학운동의 한계성을 지적하며 그것을 극
복하고 새로운 종교적 가르침을 펴고자 하였던 것이라 볼 수
있겠습니다.
  증산의 유년 시절에 대해서는 알려진 바가 적습니다. 그

는 어려서부터 성품이 원만하고 마음이 너그러워 후덕하였고 남달리 총명하여 주변으로부터 존경을 받았으며 생명을 존중하는 덕이 두터워 초목 하나도 꺾지 않고 지극히 작은 곤충도 해치지 않았다고 합니다. 또한 어릴 적부터 뛰어난 신동으로 알려졌습니다. 7세에 증산의 부친은 동네 서당 훈장을 집으로 초청하여 증산에게 천자문을 가르치게 하였습니다. '하늘 천天'하고 읽자 이를 따라 읽고 '따 지地' 하자 또 따라 읽었습니다. 그러나 '검을 현玄', '누를 황黃'은 따라 읽지 않으니 훈장은 이를 매우 이상하게 생각하였습니다. 훈장이 그 이유를 물었더니 소년 증산은 "하늘 천天에서 하늘의 현묘한 이치를 찾았고 따 지地에서 땅의 오묘한 이치를 모두 간파하였으니 그 이상 배울 것이 없소이다"라고 하였습니다. 그리고 부친께 "그만 훈장을 돌려보내십시오"라고 하니, 부친은 할 수 없이 훈장을 그냥 보낼 수밖에 없었습니다.

이후 증산은 어느 글방에 잠시 들르게 되었는데, 그곳 훈장이 소년 증산이 신동이라는 소문을 듣고 시험해 보고자 놀랄 경驚의 운자韻字를 주며 시를 지어 보라고 하였습니다. 이에 증산은 "멀리 걸으면 땅이 갈라질까 두렵고 크게 소리를 지르면 하늘이 놀랄까 두렵다(遠步恐地坼 大呼恐天驚)"라고 시

를 지었습니다. 걸음걸이에 땅이 갈라질까 두렵고 큰 소리에 하늘이 놀랄까 두렵다는 시의 내용에서 소년 증산의 천지를 아우르는 기개를 살펴볼 수 있습니다.

청년 시절 증산은 여러 곳을 다니며 세상에 전해 오는 책들을 두루 섭렵하고 한적한 곳에서 종종 명상을 행하기도 하였습니다. 기록에서 증산이 특정한 인물에게 가르침을 받았다는 내용은 전하지 않으며 증산 자신도 특정 인물의 사상을 계승하였다고 언급한 적이 없습니다.

21세가 되던 1891년에는 전라도 금구군 초처면 내주동

출신인 정치순鄭治順과 혼인을 하였고 얼마 동안 내주동의 처가에서 지냈습니다. 1894년이 되자 처가 옆에 살던 처남 정남기鄭南基의 집에 글방을 차리셨습니다. 아우 영학永學과 이웃의 서동들을 모아서 글을 가르쳤는데 그 교수법이 비범하여 주변 사람들로부터 칭송이 높았다고 합니다.

당시는 고부를 중심으로 시작된 동학농민운동이 점점 확대되었던 시기입니다. 전봉준은 1894년 1월 10일 배들(이평) 말목장터에서 사람들을 모아 고부 군수 조병갑의 비리를 밝히고 봉기할 것을 역설하였습니다. 이곳은 증산이 탄생한 객망리와 10여 리밖에 떨어지지 않은 가까운 곳이었습니다. 고부에서의 봉기를 중심으로 많은 농민들이 동학농민운동에 가담하고 조정은 토벌군을 파견하면서 호남 일대는 전쟁의 소용돌이에 휩싸이게 됩니다. 이때 증산은 동학군의 앞날이 불리함을 예견하고 아래와 같은 글을 여러 사람에게 전하며 동학군이 눈이 내릴 시기에 실패할 것을 말하였습니다.

월흑안비고 선우야둔도月黑雁飛高 單于夜遁逃
욕장경기축 대설만궁도欲將輕騎逐 大雪滿弓刀

달은 어둡고 기러기는 높이 나는데 오랑캐의 왕이 밤에 달
아나네.

가벼운 기병으로 쫓으려 하는데 큰 눈이 활과 칼을 가득
덮네.

그의 예견대로 겨울에 동학군은 패배하여 많은 인명이
죽거나 다치게 되었지만, 증산의 말을 따른 이들은 화를 면하
였습니다.

이처럼 증산이 살았던 시기는 보국안민·척양척왜의 기
치를 내세우며 구시대의 모순을 혁파하려던 동학농민운동이
실패하여 수많은 민중이 목숨을 잃고 청과 일본이 우리나라
에서 전쟁하였던 정치적·사회적 도탄기였습니다. 이러한 역
사의 소용돌이 속에서 증산은 이런 현상이 우리나라에만 그
치는 것이 아니라 전 세계, 나아가 전 우주에 걸쳐 일어나는
것이라 진단하고 광구천하匡救天下(잘못된 것을 바로잡아 세상을 구
함)의 뜻을 두기에 이릅니다.

증산의 종교 활동:
천하 주유를 마치고 천지대도를 열다

    증산은 광구천하를 시행하기 이전인 1897년에 다시 처남 정남기의 집에 글방을 차려 글을 가르쳤습니다. 이때 천하를 바로잡는 데 도움이 되리라 생각하고 유불선儒佛仙과 음양陰陽에 대한 이치를 적은 각종 서적을 모두 읽었습니다. 그리고 얼마 동안 글방을 계속하다가 마침내 광구천하를 위한 길을 떠났습니다.

    증산은 새로운 역학사상인 『정역正易』을 펼친 김일부金一夫를 만났으며 전라·충청·경기·황해·평안·함경·경상 등 전국 각지로 돌아다녔습니다. 그러나 만 3년간에 걸친 여정의 내용은 거의 전해지지 않습니다.

1897년부터 3년 동안 천하를 돌아다니고 1900년에 고향인 객망리에 돌아온 증산은 마을 뒷산 시루봉 정상에서 천하를 구제하기 위한 공부를 시작하였습니다. 이때의 공부에 대해 전승 기록에는 "시루봉에서 진법주真法呪를 외우시고 오방신장五方神將과 48장과 28장 공사公事를 보셨도다"라고 되어 있습니다. '진법주'는 구천상제, 옥황상제, 서가여래, 오악산왕 등의 신격을 응하게 하는 주문으로 증산이 직접 창안한 것입니다. '오방신장'은 동서남북과 중앙의 다섯 방위를 지키는 신장이고 28장은 동양 천문에서 하늘의 별자리인 28수宿를 담당하는 신명이며 48장에 대해서는 명확히 알려져 있지 않습니다.

이후 증산은 신축년인 1901년 음력 5월 중순에 모악산 대원사大院寺로 갔습니다. 증산은 주지승 박금곡朴錦谷에게 조용한 방 한 칸을 마련하게 한 뒤, 사람들의 근접을 일절 금하고 49일간 먹지도 마시지도 않으며 공부를 하였습니다. 마침내 49일째인 7월 5일, 증산은 우주적 차원의 종교적 각성을 하게 됩니다. 신앙인들은 이 사건을 증산이 천지대도天地大道를 열었다고 표현하며 공부 과정에서 천지신명을 심판하였다고 합니다. 즉 증산은 기존 유불선의 도를 넘어선 우주적 차원의

강일순(청도대항원사당)

천지대도를 열었으며 천지를 개벽하는, 이른바 후천개벽의 대도를 세상에 펼친 것으로 이해됩니다.

그가 이렇게 새로운 천지대도를 열자 사람보다 금수가 먼저 이를 알았는지 대원사 골짜기에 각종 새와 각종의 짐승들이 모여들었습니다. 그들이 증산에게 무엇인가를 애원하는 듯한 모습을 보이자 증산은 "너희 무리도 후천 해원을 구하려 함인가?" 하니, 수많은 동물들이 마치 그 말씀을 알아들은 듯 머리를 숙였습니다. 증산이 "알았으니 물러들 가 있거라" 하니 동물들은 그 말에 따라 모두 흩어졌다고 합니다. 증산의 사상에서 후천 세상은 지상 선경이므로 후천 해원은 곧 동물들 또한 원한을 풀고 그러한 낙원과 같은 세상에서 살고자 함을 말하는 것으로 보입니다.

증산의 종교 활동:
천지공사

대원사에서 천지대도를 연 증산은 객망리로 돌아와 1901
년 겨울 천지공사天地公事를 시작하였습니다. 천지공사란 증
산의 독창적인 종교적 작업으로 묵은 하늘과 묵은 땅을 뜯어
고쳐 새로운 하늘과 새로운 땅으로 개벽開闢시키는 일을 말합
니다. 증산은 지금까지의 우주를 선천先天이라고 하며 선천에
서는 삼라만상이 모두 상극相剋의 원리에 지배되어 원한이 쌓
이고 맺혀 천天·지地·인人 삼계三界에 가득 찼다고 하였습니
다. 결국 삼계는 서로 통하지 못하게 되었고 천지는 상도常道
를 잃어 갖가지 재난이 일어나 세상이 참혹하게 되었다고 합
니다. 이에 원시의 신성神聖·불·보살들이 이 참담한 상황을

구천의 상제에게 하소연하였습니다. 이에 상제는 천하를 돌아보고 인세人世에 증산으로 탄생하여 잘못된 천지의 질서를 바로 잡고 후천선경의 길을 열어 지상천국을 건설함으로써 세계 창생을 널리 건져내는 천지공사를 시행한 것이라고 합니다.

　전통 시대의 성인聖人, 현자賢者들은 대체로 인간 세상에서 빚어지는 수많은 혼란상이 모두 인간 자신에게 책임이 있다고 보았고, 결국 이러한 혼란을 막기 위해서는 인간 스스로가 자신의 삶을 성찰하여 바르게 사는 방법밖에 없음을 설파하였습니다. 그러나 증산은 인간 이전에 천지 그 자체에 서로 싸우고 미워하는 '상극'의 원리와 그로 인해 생기는 분통하고 억울한 감정인 '원冤'이라는 문제점이 있음을 지적하고 이를 먼저 뜯어고침으로써 신명계와 인간이 모두 원이 풀리고 상생의 길로 걸어갈 수 있다고 하였습니다. 증산은 1901년 신축년부터 천지공사를 시작하여 1909년 음력 6월 24일 천지공사를 마치고 세상을 떠났습니다.

증산의 종교 사상:
일하는 하느님

증산이 한국 종교사 및 한국 종교 지형에 미친 사상이자 증산계 종교운동의 주요 사상 중 하나는 바로 우리나라에서 자생한, 즉 '한국적 하느님 사상'이라고 할 수 있습니다. 우리나라의 종교사에서 인격적 하느님은 그리스도교의 전래 이전에는 상당히 낯선 개념이었습니다. 지극히 높은 하늘, 즉 천天은 주로 최고 권력자인 왕이 제사를 통해 접근할 수 있는 대상이었습니다. 그런데 그리스도교가 유입되면서 인격적이며 전지전능한 신의 개념이 확산되었고, 이는 한국인들에게 상당한 종교문화적 충격으로 다가왔습니다.

그리스도교의 신이 외부에서 유입된 인격적 유일신이라

면 우리나라에서 자생한 새로운 인격신을 체험한 인물이 등장합니다. 바로 동학을 연 최제우로 그는 '상제上帝'와 문답하는 종교 체험을 하였는데, 이렇게 인격신으로부터 계시를 받는 종교 유형은 한국 종교 전통의 맥락에서 매우 독특한 형태라고 평가받고 있습니다.[31] 최제우가 경험한 '상제'는 "그동안 방기되었던 인간의 삶에 능동적으로 개입하여 열정적으로 삶의 질곡을 치유하고 활력 넘치게 세상사를 조율하는 하느님이라는 점에서 '데우스 인두스트리우스deus industrius'라 부를 수 있다"[32]는 시각도 있습니다.

최제우의 종교 체험과 관련하여 증산은 최제우에게 계시를 내린 '상제'가 바로 자신이라고 하였습니다. 즉 증산은 사람으로 탄생하기 이전 최제우에게 세상을 바로잡을 도리를 내리셨으나 그가 도리의 참뜻을 밝히지 못하므로 천명과 신

---

31 김종서, 「동서 종교 간 충돌과 현대 한국의 역동적 신앙」, 『종교와 문화』 16, 2009, 28-29쪽.

32 '데우스 인두스트리우스'는 '일하는 하느님'이라는 의미로 이와 대비되는 개념은 '데우스 오티오수스(deus otiosus)'입니다. 이는 종교학자 엘리아데에 의해 제시된 개념이며 '게으른 신'이란 뜻으로 천상의 지고신은 천지를 창조한, 위대하며 초월적인 신격이지만 그 후 인간 세계에서 물러나 한가로이 잠자는 신, 잊힌 신으로 경험되고 인식된다고 하였습니다.

교를 거두고 직접 세상에 내려왔다고 하였습니다. 최제우의 종교 체험에서 예시된 것처럼, 신앙인들에게 증산은 '일하는 하느님'으로서, 인간의 형상으로 현현하여 세계 구원의 작업을 실시한 존재로 여겨집니다.

이렇게 하느님이 인간의 몸으로 직접 나타나 세계 구원의 작업, 즉 천지공사를 시행하였다는 교리는 한국 종교의 역사상 매우 독특한 신앙 체계라 할 수 있습니다. 이에 대해 "인간이 스스로 신적인 카리스마를 지니는, 이른바 초월적 '화신化身' 개념이 완성된 것은 한국 종교의 역사상 강일순에서 처음이다"[33]라고 평가가 있습니다.

증산은 스스로를 '상제'라 하였으며, 그의 종도들도 그를 '상제'라 믿고 따랐습니다. '상제'로서 증산은 자신이 지닌 권능을 '삼계대권三界大權'이라고 표현하였습니다. 삼계는 천·지·인을 의미하며, 곧 우주 전체를 표현하는 말이므로, '삼계대권'은 우주의 모든 권능, 다른 말로 절대 권능을 의미한다고 할 수 있습니다. 증산은 "삼계대권을 주재하여 조화로써 천지

---

33 김종서, 「동서 종교 간 충돌과 현대 한국의 역동적 신앙」, 『종교와 문화』 16, 2009, 30쪽.

를 개벽하고 후천선경을 열어 고해에 빠진 중생을 널리 건지려 하노라", "나는 삼계의 대권을 주재하여 선천의 도수를 뜯어고치고 후천의 무궁한 선운을 열어 낙원을 세우리라"고 하며 삼계대권을 주재하여 후천선경을 열겠다고 하였습니다.

증산은 삼계대권을 종도들에게 행사하고 나타내 보임으로써 자신이 삼계대권의 담지자임을 확증하였습니다.

상제께서 삼계의 대권을 수시수의로 행하셨느니라. 쏟아지는 큰비를 걷히게 하시려면 종도들에게 명하여 화로에 불덩이를 두르게도 하시고 술잔을 두르게도 하시며 말씀으로도 하시고 그 밖에 풍우·상설·뇌전을 일으키는 천계대권을 행하실 때나 그 외에서도 일정한 법이 없었도다.

-『전경』, 공사 1장 4절

상제께서 약방에 계시던 겨울 어느 날 이른 아침에 해가 앞산 봉우리에 반쯤 떠오르는 것을 보시고 종도들에게 말씀하시니라. "이제 난국에 제하여 태양을 멈추는 권능을 갖지 못하고 어찌 세태를 안정시킬 뜻을 품으랴. 내 이제 시험하여 보리라" 하시고 담배를 물에 축여서 세 대를 연달아 피우시니

떠오르던 해가 산머리를 솟지 못하는지라. 그리고 나서 상제
께서 웃으며 담뱃대를 땅에 던지시니 그제야 멈췄던 해가 솟
았도다.

－『전경』, 권지 1장 27절

여기서 증산은 비바람·서리·눈·천둥·번개 등의 자연
일기 현상을 임의로 운행하였고 태양을 멈추는 권능을 나타
내 보였다고 합니다. 구름을 자유자재로 좌우하기도 하였고,
"풍·운·우·로·상·설·뇌·전風雲雨露霜雪雷電을 이루기는 쉬
우나 오직 눈이 내린 뒤에 비를 내리고 비를 내린 뒤에 서리
를 오게 하기는 천지의 조화로써도 어려운 법이라"고 하며 해
당 조화를 임의로 하였다는 기록이 전합니다.

날씨를 바꾸는 권능 이외에도 증산은 신묘한 예지력과
수많은 치병의 이적을 보였다고 합니다. 사람의 미래 일을 정
확히 예견하거나 사람의 심정을 훤히 살펴 그들이 경이감을
느끼게 하였습니다. 또한, 불치의 병을 낫게 하거나 죽은 사
람을 살리는 등 다수의 기적을 행하며 곳곳에서 신인神人으로
추앙을 받기도 하였습니다.

증산은 이러한 권능을 통해 어려움에 처한 민중을 구제

하기도 하였지만 삼계대권을 통해 주로 행한 것은 바로 천지를 개벽하여 새로운 세계를 여는 일, 곧 천지공사였습니다. 증산은 "나의 일은 여동빈呂洞賓[34]의 일과 같으니라", "나의 일은 비록 부모형제일지라도 모르는 일이니라", "'조선 강산 명산名山이라. 도통군자道通君子 다시 난다'라 하였으니 또한 나의 일을 이름이라"고 하여 자기가 할 일을 가리켜 '나의 일'이라고 하였는데, 곧 하느님으로 여겨지는 증산이 할 일이란 바로 천지공사였습니다. 천지공사는 여러 유사한 표현으로 언급되었는데, 천지인 삼계를 대상으로 하는 공사이므로 삼계공사라고도 하였으며, 해원을 위주로 하여 천지에 쌓인 원한을 풀었으므로 해원공사, 삼계를 개벽하는 공사의 의미로 개벽공사라고도 하였습니다.

동학농민운동은 좌절되고 수많은 어려움 속에서 고통에 신음하였던 전라북도의 당시 민중은 증산의 권능과 이적을 접하고 그의 천지공사를 보면서 그를 자신들을 구원할 구

---

34 중국 도교에서 유명한 여덟 명의 신선 중 한 사람으로 당나라 말기에 활동하였다고 전해집니다. 본명은 여암(呂岩), 자는 흔히 이름으로 알려진 동빈(洞賓), 도호는 순양자(純陽子)입니다. 중국 도교 전진교에서는 여조(呂祖)라는 조사로 모시고 있으며, 부우제군(孚佑帝君)이라는 신격으로 민중에게 신앙되었습니다.

세주이자 새 시대를 열고 자신들을 이끌어 줄 하느님으로 신앙하였습니다. 증산의 생전에도 많은 이들이 그를 추종하였고, 그의 사후에는 직계 종도들이 종교단체를 형성하여 증산에 대한 신앙을 전파하였습니다. 일제 강점기 증산 신앙 운동은 전 조선에 전파되었습니다. 현재에도 대순진리회와 증산도 등을 중심으로 종교 활동이 지속되고 있으며 한국 종교 지형의 한자리를 차지하고 있습니다.

증산의 종교 사상:
해원상생

증산이 당시 민중과 이후 한국 종교 지형에 주된 공명을
일으킨 사상은 '해원상생解冤相生'이라고 할 수 있겠습니다. 요
즘 사회와 정치권에서 자주 사용하는 '상생'이 어원적 근원이
증산의 해원상생이라는 견해도 있습니다. 해원상생은 글자
그대로 원冤을 풀어서(解) 상생하자는 뜻입니다. 증산은 이 원
이 세계 파멸의 핵심 원인임을 밝히기도 하였습니다.

상제께서 "선천에서는 인간 사물이 모두 상극에 지배되어
세상이 원한이 쌓이고 맺혀 삼계를 채웠으니 천지가 상도(常道)
를 잃어 갖가지의 재화가 일어나고 세상은 참혹하게 되었도다.

그러므로 내가 천지의 도수를 정리하고 신명을 조화하여 만고의 원한을 풀고 상생(相生)의 도로 후천의 선경을 세워서 세계의 민생을 건지려 하노라. 무릇 크고 작은 일을 가리지 않고 신도로부터 원을 풀어야 하느니라. 먼저 도수를 굳건히 하여 조화하면 그것이 기틀이 되어 인사가 저절로 이룩될 것이니라. 이것이 곧 삼계공사(三界公事)이니라"고 김형렬에게 말씀하시고 그중의 명부공사(冥府公事)의 일부를 착수하셨도다

-『전경』, 공사 1장 3절

상제께서 7월에 "예로부터 쌓인 원을 풀고 원에 인해서 생긴 모든 불상사를 없애고 영원한 평화를 이룩하는 공사를 행하리라. 머리를 긁으면 몸이 움직이는 것과 같이 인류 기록의 시작이고 원(冤)의 역사의 첫 장인 요(堯)의 아들 단주(丹朱)의 원을 풀면 그로부터 수천 년 쌓인 원의 마디와 고가 풀리리라. 단주가 불초하다 하여 요가 순(舜)에게 두 딸을 주고 천하를 전하니 단주는 원을 품고 마침내 순을 창오(蒼梧)에서 붕(崩)케 하고 두 왕비를 소상강(瀟湘江)에 빠져 죽게 하였도다. 이로부터 원의 뿌리가 세상에 박히고 세대의 추이에 따라 원의 종자가 퍼지고 퍼져서 이제는 천지에 가득 차서 인간이 파멸하게 되었느니라. 그

러므로 인간을 파멸에서 건지려면 해원공사를 행하여야 되느
니라"고 하셨도다.

-『전경』, 공사 3장 4절

여기 기록에서, 증산은 선천에서 상극의 원리가 인간 사
물을 지배하다 보니 세상에 원한이 쌓이고 맺혀 우주 전체에
가득하게 되었으며 이로 인해 갖은 재앙이 발생하고 세상이
참혹하게 되었다고 하였습니다. 특히 이것을 고대의 성인인
요의 아들 단주의 원한이 천지에 원이 가득 차게 된 주요한
사건으로 보고, 인간을 파멸에서 구하기 위해 해원공사를 행
해야 한다고 말하였습니다. 이 같은 내용에서 증산은 인간에
서 비롯된 원한이 천지에까지 퍼진 것으로 보고 있으며, 이러
한 원을 풀지 않으면 인간과 세상이 멸망할 수밖에 없다고 생
각했습니다. 이를 세계 종교와 견주면, 그리스도교에서는 인
간 파멸의 원인을 죄로 보고 신의 은총에 의한 속죄로써 구원
에 이를 수 있다고 보며, 불교에서는 무명과 집착에 의한 고苦
와 이를 멸할 수 있는 도道를 제시하고 있는데, 증산은 문제의
근원을 원과 상극으로 보고 그 해결책을 해원과 상생의 진리
로 제시하고 있는 것입니다.

증산의 해원상생의 진리는 특히 힘없는 약자와 피해자에게 고통을 위무하는 치유의 메시지로 다가왔습니다. 증산은 자신이 세계 여러 나라 중 우리나라에 탄생한 이유를 다음과 같이 설명하였습니다.

"나는 서양 대법국(大法國) 천계탑(天啓塔)[35]에 내려와서 천하를 대순하다가 삼계의 대권을 갖고 삼계를 개벽하여 선경을 열고 사멸에 빠진 세계 창생들을 건지려고 너희 동방에 순회하던 중 이 땅에 머문 것은 곧 참화 중에 묻힌 무명의 약소민족을 먼저 도와서 만고에 쌓인 원을 풀어 주려 함이노라"

증산이 이 땅에 온 이유는 참화에 빠진 약소민족인 우리나라를 먼저 도와 원을 풀어 주기 위함이었던 것입니다. 그중 전라도 땅에 탄생한 것도 앞에서 황현의 기록처럼 전라도가 원한이 많은 것과도 관련이 있을 수 있습니다.

---

35 서양 대법국에 대해 여러 견해가 있습니다. 교황이 서양의 맹주였으므로 대법국은 그가 있는 바티칸으로 해석하거나, 조선 말기에 프랑스가 법국(法國)이라 불렸으므로 대법국은 프랑스라는 해석이 있습니다. 또는 지상의 국가가 아니라 하늘 세계를 가리킨다는 주장도 있습니다.

증산은 사회 계층에 있어서도 약자인 여성, 상민, 천민, 서자, 무당 등을 해원하고 앞으로는 그러한 차별과 원한이 없는 세상을 열겠다고 하였습니다. "후천에서는 그 닦은 바에 따라 여인도 공덕이 서게 되리니 이것으로써 예부터 내려오는 남존여비의 관습은 무너지리라"고 하였으며, "지금은 해원 시대니라. 양반을 찾아 양반과 상민을 구별하는 것은 그 조상의 뼈를 깎는 것과 같고 망하는 기운이 따르나니라. 그러므로

증산의 필적(한국학중앙연구원)

양반의 인습을 속히 버리고 천인을 우대하여야 척이 풀려 빨리 좋은 시대가 오리라"고 하고, "이후로는 적자, 서자의 명분과 양반, 상민의 구별이 없느니라"고 하면서 사회적 차별·모순을 해결하고자 하였습니다.

또한 해원상생의 진리는 강자 및 가해자에게 사과와 자기반성 및 성찰의 메시지로 기능합니다. 증산은 특히 '척'이라는 개념을 사용하여 남에게 척을 지지 말 것을 강조합니다. '척'은 나에 대한 남의 원한으로, 곧 남으로 하여금 나에 대하여 원한을 갖게 만드는 것입니다. 증산은 "남에게 억울한 원한을 짓지 말라. 이것이 척이 되어 보복하나니라. 또 남을 미워하지 말라. 사람은 몰라도 신명은 먼저 알고 척이 되어 갚나니라"고 하여 척을 지지 않도록 당부하였습니다. 또한 이미 척을 지었다면 진정한 사과로써 척을 풀어야 할 것입니다. 해원상생은 곧 남에게 척을 짓지 않고, 이미 지은 척을 풀며, 항상 남을 사랑하고 어진 마음을 가져 함께 도우며 살아가는 상생의 윤리입니다.

증산이 말하는 해원의 대상으로는 사람뿐만 아니라 금수 또한 해당이 되며, 더 나아가 신적인 존재를 포함, 천지의 모든 존재를 대상으로 합니다. 예를 들어 증산은 '만고역신萬古逆

神', 즉 역사상에서 역적으로 몰려 비참하게 죽은 귀신들을 해원하였고, 천지신명을 해원하였으며, 역사 인물로는 진시황, 진묵대사, 전봉준 등을 해원하였습니다. 일각에서는 증산의 해원을 무속과 연관하여 말하기도 합니다. 무속에서는 인간의 문제를 신적 존재의 원한으로 보고 무당이 그 빌미를 알아내고 귀신을 위무함으로써 해결하고자 합니다. 증산 또한 '무당 도수'라 하며 여성 종도였던 고판례에게 춤을 추게 하고 자신은 장고를 치며 "이것이 천지天地 굿이니라. 너는 천하 일등 무당이요 나는 천하 일등 재인이라. 이 당 저 당 다 버리고 무당의 집에서 빌어야 살리라"고 하였습니다. 이때 천지굿은 실제 굿을 말하는 것이 아니라 천지를 대상으로 해원하는 천지공사를 의미하는 것으로 보입니다. 증산의 해원은 우주적으로 그 대상을 확대하였다는 점에서 그 독창성을 엿볼 수 있습니다.

또한 증산은 우리나라와 일본의 관계를 해원을 통해 말하기도 하였습니다. 증산은 "일본은 임진란 이후 도술신명 사이에 척이 맺혀 있으니 그들에게 맡겨 주어야 척이 풀릴지라"고 하여 우리나라와 일본 사이에는 척이 맺혀 있기 때문에 그들이 우리나라를 지배함으로써 척이 풀릴 것이라고 하였습니다. 하지만 그들의 지배는 시한이 있으며 때가 되면 빈손으로 돌아갈 것이라고도 하였습니다. 산통을 겪어야 새 생명이 탄생하는 것처럼 우리나라가 크게 도약하기 위해선 민족적 고통의 과정이 필요하다고 말한 것이라 생각합니다.

증산은 해원을 위주로 하여 천지공사를 행하였고 선천과 후천개벽의 중간 지점으로 '해원 시대'를 말하였습니다. 그는 "이제는 해원 시대니라. 남녀의 분별을 틔워 제각기 하고 싶은 대로 하도록 풀어 놓았으나 이후에는 건곤의 위치를 바로잡아 예법을 다시 세우리라"고 하였습니다. 즉 인간은 누구나 자유의지를 가지고 인생을 살아가지만 전통 시대에는 여러 제약과 차별 때문에 그것이 쉽지 않았기 때문에 원한이 발생할 소지가 다분하였습니다. 하지만 지금은 전통 시대보다 개인의 자유와 인권이 존중받으며 행복을 추구할 수 있는 여건이 마련되어 있습니다. 그렇다고 욕망을 무분별하게 발산하거나 남에게 피해를 주는 것은 올바른 해원이 아닐 것입니다. 증산의 가르침은 상생원리가 바탕이 되는 해원, 즉 해원상생의 윤리를 바탕으로 수행할 때 다가오는 후천선경에 동참할 수 있음을 말합니다.

증산의 종교 사상:
후천개벽

증산이 시행한 천지공사의 목적이자 그의 종교적 이상은
후천선경(後天仙境)의 건설, 즉 후천개벽(後天開闢)입니다. 그는
그동안 세상이 잘못된 원인을 상극의 원리와 원한으로 보고,
천지공사를 통해 문제를 해결함으로써 우리가 사는 지상에
낙원이 펼쳐질 것이라 하였습니다. 증산의 후천에 대한 설명
을 살펴보겠습니다.

지난 선천 영웅 시대는 죄로써 먹고살았으나 후천 성인 시
대는 선으로써 먹고살리니 죄로써 먹고사는 것이 장구하랴, 선
으로써 먹고사는 것이 장구하랴. 이제 후천 중생으로 하여금 선

으로써 먹고살 도수를 짜 놓았도다.

-『전경』, 교법 2장 55절

후천에는 사람마다 불로불사하여 장생을 얻으며 궤합을
열면 옷과 밥이 나오며 만국이 화평하여 시기 질투와 전쟁이 끊
어지리라.

-『전경』, 예시 80절

후천에는 또 천하가 한집안이 되어 위무와 형벌을 쓰지 않
고도 조화로써 창생을 법리에 맞도록 다스리리라. 벼슬하는 자
는 화권이 열려 분에 넘치는 법이 없고 백성은 원울과 탐음의
모든 번뇌가 없을 것이며 병들어 괴롭고 죽어 장사하는 것을 면
하여 불로불사하며 빈부의 차별이 없고 마음대로 왕래하고 하
늘이 낮아서 오르고 내리는 것이 뜻대로 되며 지혜가 밝아져 과
거와 현재와 미래와 시방세계에 통달하고 세상에 수·화·풍(水
火風)의 삼재가 없어져서 상서가 무르녹는 지상선경으로 화하
리라.

-『전경』, 예시 81절

장 해원상생과 후천개벽 운동의 산실,
강증산과 전라북도

83

기록에서 증산이 말한 후천은 성인 시대로, 도덕이 바로 서며 인류는 번뇌가 없는 이상 시대입니다. 또한 인류는 지혜가 밝아져 과거, 현재, 미래뿐만 아니라 팔방(동, 동북-북동, 북, 북서-서북, 서, 서남-남서, 남, 남동-동남) 및 상하 두 방위를 포함한 열 방위인 시방(十方)세계에 통달하고 온갖 재앙이 사라지는 지상선경에 살게 됩니다. 증산은 이러한 후천선경을 여는 주역으로서 우리나라를 지목하였습니다. 증산은 "조선과 같이 신명을 잘 대접하는 곳이 이 세상에 없도다. 신명들이 그 은혜를 갚고자 제각기 소원에 따라 부족함이 없이 받들어 줄 것이므로 도인들은 천하사에만 아무 거리낌 없이 종사하게 되리라"고 하여 천지신명들이 우리나라를 도울 것이라 하였으며, 앞으로 우리나라를 상등上等의 나라로 만들겠다고 하였습니다. 증산은 특히 우리나라의 정세를 다섯 신선이 바둑을 두는 형국인 오선위기五仙圍碁로 표현하기도 하였습니다. 이 오선위기는 전라북도 순창 회문산의 오선위기혈을 말하는 것입니다.

상제께서 종도들을 데리고 계실 때 "현하 대세가 오선위기와 같으니 두 신선이 판을 대하고 있느니라. 두 신선은 각기 훈수하는데 한 신선은 주인이라 어느 편을 훈수할 수 없어 수수방관하고 다만 대접할 일만 맡았나니 연사에만 큰 흠이 없이 대접만 빠지지 아니하면 주인의 책임은 다한 것이로다. 바둑이 끝나면 판과 바둑돌은 주인에게 돌려지리니 옛날 한고조(漢高祖)는 말 위에서 천하를 얻었으되 우리나라는 좌상(座上)에서 득천하하리라"고 말씀하셨도다.

-『전경』, 예시 28절

기록에서 주인 신선은 곧 우리나라를 지칭하며 네 신선은 우리나라를 둘러싼 네 국가인 미국, 러시아, 중국, 일본을 의미하는 것으로 보입니다. 즉 우리나라는 주인으로 손님 대접만 할 뿐 주인 행세를 나서서 하지 않지만, 바둑이 끝나면 판과 바둑돌이 주인에게 돌려지는 것처럼 때가 되면 진정한 주인이 되고 천하를 얻게 된다는 말입니다. 이러한 증산의 말은 그의 사후 전개된 우리나라를 중심으로 한 국제정치사의 전개와 상통한다고들 합니다. 특히 전라북도에 위치한 회문산의 오선위기혈을 통해 우리나라가 세계의 중심 국가로 일어날 것을 예시한 점에서 의의가 있다고 봅니다.

증산은 또한 "「궁을가弓乙歌」에 '조선 강산 명산이라. 도통

오선위기도(대순진리회 여주본부도장 벽화)

군자道通君子 다시 난다'라 하였으니 또한 나의 일을 이름이라"
며 동학가사를 인용하여 우리나라의 강산이 명산이며 도통군
자가 나올 것이라고 말하였습니다. 도통군자란 '증산이 펼친
도를 닦아 도통한 이들'을 지칭하는 말로, 장차 도통이 있을
것이며 "도는 장차 금강산 일만이천 봉을 응기하여 일만이천
의 도통군자로 창성하리라. 그러나 후천의 도통군자에는 여
자가 많으리라"³⁶고 하여 금강산 1만 2천 봉에 상응하는 1만

2천의 도통군자가 나올 것이라고 하였습니다.

이렇게 도통이 있고 도통군자가 출현하며 후천이 개벽할 것이라 하였지만, 그 과정에서 인류가 겪을 진통이 있을 것을 예시하였습니다. 증산은 "이후에 괴병이 온 세상에 유행하리라"고 하고 다음과 같이 예견하였습니다.

"선천개벽 이후부터 장마와 가뭄, 거듭된 재난이 번갈아 끊임없이 이 세상을 진탕하여 왔으나 아직 병겁은 크게 없었나니 앞으로는 병겁이 온 세상을 뒤덮어 누리에게 참상을 입히되 거기에서 구해 낼 방책이 없으리니 모든 기이한 법과 진귀한 약품을 중히 여기지 말고 의통(醫統)을 잘 알아 두라. 내가 천지공사를 맡아 봄으로부터 이 동토에서 다른 겁재는 물리쳤으나 오직 병겁만은 남았으니 몸 돌이킬 여가가 없이 홍수가 밀려오듯 하리라."

증산은 이처럼 온 세상에 질병이 퍼지는 병겁이 있을 것

---

36 여기서 "여자가 많으리라"는 말은 많은 여성 수행자가 도통군자가 될 것이라는 뜻입니다.

이라 예견하며 의통을 잘 알아 두라고 하였습니다. 증산을 신앙하는 이들은 "만일 하늘이 내린 기운을 받은 사람이면 병든 자를 한 번만 만져도 낫게 할 것이며 또한 건너다보기만 하여도 나을지니라. 천강은 뒤에 있나니 잘 닦으라"는 증산의 언설을 바탕으로 의통을 곧 병을 치유하는 능력으로 보고 있습니다. 그를 신앙하는 이들은 도통과 함께 의통을 수행의 목적으로 삼고 있습니다.

증산 신앙 운동

1909년 음력 6월 24일 증산 사후 그를 신앙하는 종교 운동이 일어나게 됩니다. 증산을 신앙하는 종단을 증산종단이라고 하는데, 이러한 증산종단은 동학 등과 더불어 한국 신종교 운동의 주요한 계통 중 하나로 알려져 있습니다. 증산 신앙 운동은 일제 강점기를 시작으로 현재까지 지속되고 있으며 한국 종교사의 한 흐름을 이루고 있습니다.

일제 강점기 조선총독부 촉탁 신분으로 민족종교를 조사하였던 무라야마 지준村山智順은 민족종교를 유사종교라는 명칭하에 ① 동학계, ② 훔치계, ③ 불교계, ④ 숭신계, ⑤ 유교계, ⑥ 계통 불명의 여섯 계통으로 나누었습니다. 훔치계는 곧 증산계 단체로 보천교普天敎, 무극대도교無極大道敎, 미륵불교彌勒佛敎, 증산대도교甑山大道敎, 증산교甑山敎, 동화교東華敎, 태을교太乙敎, 대세교大世敎, 원군교元君敎, 용화교龍華敎, 선도교仙道敎의 11개 단체가 분석되었습니다. 11개 단체 가운데 대표적인 단체는 보천교와 무극도라고 할 수 있으며 나머지 9개의 단체를 교세가 미미하다고 하였습니다.

보천교는 일제 강점기인 1920년대 민족종교 가운데 천도교에 상응할 만한 전국적 교단으로 성장하였으며 전 조선에서 수많은 민중의 호응을 받았습니다. 교주는 증산의 직계 종도였던 차경석으로 그는 증산이 다시 출세할 것을 믿고 대시국大時國이라는 새로운 왕조를 선포하며 독립국가의 건설이

▪ 보천교 본부 전경 ▪

라는 희망을 전 조선 민중에게 펼쳤습니다. 당시 보천교는 상해임시정부에 독립운동자금을 제공하고 김좌진 장군에게 군자금을 대는 등 다수의 지식인과 독립운동가들을 돕기도 하였습니다. 특히 정읍에 거대한 종교 조직을 이루고 대규모의 성전을 건립하여 수많은 민중을 모았기 때문에 당시 일제 당국은 보천교를 바로 해체하지는 못하고 경찰과 밀정을 통해 끊임없이 감시하고 탄압을 가했습니다. 이후 보천교가 친일 논란에 휩싸이며 민심이 멀어지게 되고 교세가 줄어들자 1936년에 마침내 강제 해산되기에 이릅니다. 해방 이후 보천교의 교세는 미미해졌지만, 보천교의 핵심 간부였던 이상호, 이정립이 증산의 행적을 담은 경전을 처음으로 간행하였고 '동화교'라는 단체를 설립하였습니다. 이는 현재 종교 활동을 지속하고 있는 '증산도'와도 연결됩니다.

한편, 무극도는 1917년 음력 2월 증산 상제의 계시를 받아 득도한 조철제趙哲濟가 1925년 설립한 단체로, 일제 강점기에 증산계 단체 가운데 보천교 다음으로 교세가 왕성하였습니다. 무극도는 전라북도 정읍시 태인면 도창현에 도장을 건립하여 활발한 종교운동을 전개하였는데, 당시 언론은 정읍에 두 명의 천자가 있다며 조철제를 조천자라 하여 보천교의

무극도 도장(장봉선, 『정읍군지』, 1936)

차천자와 견주기도 하였습니다. 보천교가 일제에 직접적으로 대항하여 독립운동을 전개하고 국가 건설을 선포하는 등 항일의 모습을 보여 주는 동시에, 시국대동단을 중심으로 친일의 논란을 불러일으켰던 것에 비해, 무극도는 '일본이 우리나라를 지배할 것이지만 때가 되면 물러갈 것'이라는 증산의 가르침에 보다 충실하여 종교적 신앙과 수행에 힘쓴 것으로 보입니다. 보천교가 해방 이후 종교 활동을 지속하지 못한 것에 반해 무극도는 부산에 본부를 설치하여 종교 활동을 재개하고 단체명도 태극도로 변경합니다. 태극도는 부산 감천동을 중심으로 신앙촌을 형성하였는데, 이로 인해 감천동은 일명 태극도 마을로 불리게 되었습니다. 현재는 감천문화마을이라 하여 부산의 주요한 관광명소 가운데 하나가 되었습니다. 1958년 조철제가 별세하면서 박한경朴漢慶에게 종통을 계승하였고, 박한경은 1969년 서울 중곡동에 대순진리회를 창설하였습니다. 여주에 본부를 둔 대순진리회는 산하에 대진의료재단과 학교법인 대진대학교를 두고 사회 활동을 전개하고 있습니다.

해원상생과 후천개벽
운동의 산실

증산 강일순 선생은 한국이 낳은 종교 지도자이자 선각자입니다. 우리나라 전라북도의 한 마을에서 가난한 농부의 아들로 탄강한 증산은 서구 제국주의가 동아시아에 침범함으로써 동아시아의 종교·사상·가치가 뿌리째 흔들리기 시작한 시기에 청년 시절을 보냈습니다. 당시는 전염병이 창궐하며 사회를 혼란시켰고 민중은 고통에 신음하고 있었습니다. 전라북도의 민중은 구시대의 모순을 개혁하고자 분연히 일어나 동학농민운동을 전개하였지만 이마저도 관과 일제의 진압으로 좌절되고 맙니다.

증산은 이러한 세상의 혼란을 목도하면서 우리나라뿐 아

니라 우주 전체를 바로잡아야 한다고 생각하였습니다. 증산은 우리나라 전체를 둘러보며 민중의 삶을 깊이 체험하고 고향에 돌아와 공부를 하다 마침내 모악산 대원사에서 천지대도를 열고 전라북도를 중심으로 기존의 하늘과 땅을 새롭게 하는 천지공사를 실시하였습니다. 증산은 세계와 인류의 근원적 문제를 상극원리와 원한으로 보고 해원상생의 진리로써 천지를 개벽하고자 하였습니다. 증산의 해원상생과 후천개벽의 진리는 이 땅 전라북도에서 뿌리를 내려 일제 강점기와 그 이후 많은 사람들에게 새 시대의 이상과 희망을 심어 주었습니다.

더 읽을거리

김종서, 「동서 종교간 충돌과 현대 한국의 역동적 신앙」, 『종교와 문화』 16, 서울대학교 종교문제연구소, 2009.

김홍철·류병덕·양은용, 『한국 신종교 실태 조사 보고서』, 원광대학교 종교문제연구소, 1997.

대순진리회 교무부, 『전경』, 대순진리회출판부, 1972.

류병덕, 『한국신흥종교』, 원광대학교 종교문제연구소, 1992.

박인규, 「증산 강일순 생가터의 고증과 종교문화적 의의」, 『종교와 문화』 36, 서울대학교 종교문제연구소, 2019.

증산종단친목회, 『증산종단개론』, 증산종단친목회, 1971.

최종성, 『동학의 테오프락시』, 민속원, 2009.

황현, 『오하기문』, 김종익 역, 역사비평사, 1994.

5장

...

팔림세스트로서의 공간/
영화적 이미지

– 영화 〈군산: 거위를 노래하다〉의 장소와 시간

최화선(서울대학교 종교학과 강사)

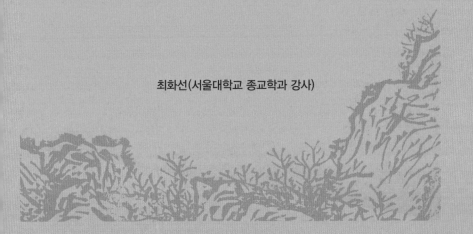

영화,
장소와 시간

〈카사블랑카〉, 〈맨해튼〉, 〈필라델피아〉, 〈시카고〉, 〈밀양〉, 〈곡성〉, 〈변산〉 등등 특정 장소의 이름을 제목으로 하는 영화들은 상당히 많습니다. '장소'라는 것은 영화에서 단지 배경에 그치는 것이 아니라, 영화 전체의 메시지, 의미를 만들어 내는 데 상당히 중요한 역할을 합니다. 특히 영화의 제목에 장소 이름이 들어가 있는 경우에는 더욱 그럴 경우가 많다는 것을 예측할 수 있겠죠. 제가 이 글에서 다루고자 하는 장률 감독의 〈군산: 거위를 노래하다〉라는 영화 역시 '군산'이라고 하는 전라북도의 도시 이름이 영화의 제목입니다. 장률 감독은 2007년의 〈중경〉, 2008년의 〈이리〉, 2009년의 〈두만강〉,

2014년의 〈경주〉, 그리고 2019년의 〈후쿠오카〉 등 도시 이름을 제목으로 하는 영화를 특히 많이 만들어 왔습니다. 또한 이러한 영화의 제목에서 짐작할 수 있듯이 그의 영화의 저변에는, 한국, 중국 그리고 일본 이 세 나라의 관계에 대한 성찰이 항상 자리 잡고 있습니다. 영화 〈군산: 거위를 노래하다〉는 군산이라는 도시를 통해 20세기 한국사 속에 얽혀 있는 이 세 나라의 시간들, 그리고 그들의 복잡한 관계를 스크린 위로 불러냅니다. 영화 〈군산: 거위를 노래하다〉가 현재의 군산을 배경으로 어떻게 과거의 시간들을 소환하는지 본격적으로 이야기해 보기 전에 먼저 영화라는 매체가 장소와 시간을 우리 앞에 제시하는 방식에 대해 잠깐 생각해 보도록 하겠습니다.

흔히 '최초의 영화'[37]라 알려진 뤼미에르 형제의 영화 제목에도 '장소'의 이름이 들어가 있습니다. 보통 〈열차의 도착〉

---

[37] 엄밀한 의미에서 이 영화는 '최초의 영화'는 아닙니다. '최초의 움직이는 이미지'라 할 수 있는 것은 1878년 에드워드 머이브리지가 만든 〈움직이는 말(The horse in motion)〉이라고 봅니다. 〈열차의 도착〉의 경우 1895년 파리의 그랑 까페에서 처음 사람들을 모아 놓고 상영된 여러 영상들 중 하나였다고 전해지나, 그때 상영된 단편 영상들의 목록도 확실치는 않습니다. 그러나 역에 들어오는 열차의 다소 강렬한 이미지와 더불어 어느 순간 이 영상에 대한 일화가 최초의 영화에 대한 이야기처럼 사람들 사이에서 많이 회자되기 시작했고, 일종의 '최초의 영화에 대한 신화'가 만들어졌다고 할 수 있습니다.

▪ 영화 〈군산: 거위를 노래하다〉 포스터 ▪

이라 불리는 이 50초짜리 영상의 원 제목은 〈시오타 역에서
의 열차의 도착〉입니다. 지금 이 영상을 보는 여러분들은 그
러니까 100년이 훨씬 넘은 그 시절 프랑스의 한 기차역의 모
습을 '지금' '여기'에서 보고 있는 것입니다. 영화라는 매체의
놀라운 특성 중 하나는 이처럼 특정한 '시간'과 '공간'을 포착
해서 이를 '보존하고' '반복 재생'할 수 있다는 점입니다. 오늘
날 많은 사람들이 특정한 시간, 특정한 공간에서 자기 자신과
또 주변의 사랑하는 사람들의 모습을 동영상에 담는 행위들

도 다 영화라는 매체의 이러한 특성과 관련 있다고 할 수 있 겠죠.

그러나 영화는 단지 특정한 '시공간'을 보존해서 반복 재 생'하는 데만 그치지 않습니다. 영화는 이 특정한 '시공간'을 카메라의 시선과 프레임을 통해 재창조해 냅니다. 영화 속에 등장한 유명 장소들을 방문해 본 적이 다들 한 번쯤은 있을 것으로 생각합니다. 그때 그 장소들에서 여러분이 영화 속에 서 봤던 것과 똑같은 감정을 느낄 수 있었나요? 아마 그런 경 우는 극히 드물 것입니다. 여러분이 영화 속에서 그 장소에 대해 느꼈던 감정은 그 영화만의 독특한 설정들 — 플롯, 카 메라, 구성 등에 의해 고도로 계산되고 구축된, '재창조된 장 소'에서 느꼈던 감정이기 때문입니다. 이는 극영화에만 해당 되는 것이 아니라 다큐멘터리영화에서도 마찬가지입니다. 오늘날 우리가 만일 프랑스의 시오타 역을 재방문한다면, 뤼 미에르 형제가 보여 준 그들만의 시선 속 '시오타 역'과는 다 른 '시오타 역'을 경험할 것인데, 이는 단지 100여 년이라는 시 간이 지났기 때문만이 아닙니다. 〈열차의 도착〉 속 '시오타 역'은 뤼미에르 형제만의 독특한 시선에 의해 재구축되고 재 창조된 새로운 공간으로서의 '시오타 역'이기 때문입니다.

그런데 누군가가 만일 지금 시오타 역에서 또 다른 영화를 찍는다고 가정해 봅시다. 이 영화는 현재의 시오타 역을 보여 주지만, 그럼에도 불구하고 100여 년 전 영상 속 시오타 역의 이미지를 또다시 불러오게 됩니다. 특정 시대 특정한 공간을 보여 주면서도, 동시에 과거의 그 공간의 이미지가 겹쳐져서 우리 앞에 다가오는 것입니다. 영화 〈군산: 거위를 노래하다〉는 바로 이렇게 스크린 위에서 한 시대의 공간, 장소를 보여 주면서 동시에 과거의 시간 속 그 공간을 우리 앞에 불러오는 영화의 마법을 잘 보여 줍니다.

팔림세스트 –
양피지, 성스러운 공간

　이처럼 한 시점의 장소를 보면서 그 속의 과거의 시간들을 불러내는 것은 '팔림세스트palimpsest'라는 개념을 통해 좀 더 정교하게 이야기될 수 있습니다. '팔림세스트'는 옛날 사람들이 종이 대신 사용했던 양피지를 한 번만 쓰고 버리는 것이 아니라, 지우고 그 위에 또다시 썼던 것을 의미합니다. 즉 시간의 차이를 두고 겹쳐 쓴 양피지라고 할 수 있죠. 이 팔림세스트라는 말은 단지 양피지뿐만 아니라 지워진 과거의 시간, 흔적을 우리 앞에 다시 불러 올 수 있는 물리적인 무엇인가를 의미하는 말로 확장되어 사용되기도 합니다. 그리고 무엇보다도 팔림세스트는 종교의 성스러운 공간들이 구축되는 방식을 보여 주는 데 효과적인 개념입니다. 성스러운 장소라 불리는 종교적 성지들은 대부분 오랜 역사를 거치면서 다양한 시간의 흔적을 담은 팔림세스트적 공간으로 존재하게 되기 때문입니다.

대표적인 예로 터키의 이스탄불에 있는 하기아 소피아(아야 소피아)를 들 수 있습니다. 이스탄불은 옛 비잔틴 제국의 수도 콘스탄티노플이었고, 하기아 소피아는 537년 비잔틴 제국의 황제 유스티니아누스 1세 때 세워진 동방 그리스도교의 성당이었죠. 그 규모와 화려함으로 인해 당대 최고의 건축물로 평가되었고, 아름다운 모자이크와 많은 성유물들을 가지고 있었던 비잔틴 제국의 핵심적인 성소였습니다. 그러나 1453년 오스만튀르크 제국이 비잔틴 제국을 함락시키고 난 이후 이곳은 이슬람교의 예배당인 모스크로 사용되기 시작합니다. 즉 이들은 타 종교의 성소를 그냥 파괴하기보다는, 이곳을 자신들의 성소로 변화시킨 것이죠. 모스크가 되면서 하기아 소피아에는 모스크의 특징적 양상들, 즉 뾰족하게 솟은 첨탑 미나레트, 이슬람교의 성지 메카의 방향을 가리키는 벽감 미흐라브 등이 첨가되었으며, 성당 벽을 가득 채웠던 예수와 성인들의 이미지는 회칠로 가려졌습니다. 이렇게 오랫동

하기아 소피아 내부

안 모스크로 사용되던 이곳은 1930년대 터키의 초대 대통령 무스타파 케말 아타튀르크에 의해 박물관으로 변하게 됩니다. 그러면서 자연히 예전에 모스크로 사용하기 위해 회칠로 가려졌던 과거 비잔틴 제국의 벽화들도 서서히 하나씩 복원되기 시작했습니다. 따라서 지금 이곳을 방문한 사람들은 하나의 공간 안에서 이슬람교의 흔적(미흐라브, 아랍어로 쓰인 캘리그래피 장식 등)과 그리스도교의 흔적(이콘[38] 등)이 공존하는 것을 보는 독특한 경험을 하게 됩니다. 이는 단지 서로 다른 두 종교적 이미지의 공존이라는 점뿐만 아니라, 한 공간에 쌓인 서로 다른 역사적 시간들의 공존이라는 점에서 매혹적입니다. 마치 양피지 위에 쌓인 시간의 흔적, 즉 팔림세스트와 같은 공간을 구현하고 있는 것이죠.

하기아 소피아 외에도 전 세계 많은 종교적 성지의 역사를 자세히 살펴보면, 서로 다른 종교의 성지로 사용되거나 지금과는 사뭇 다른 용도로 사용되었던 경우가 많다는 것을 알 수 있습니다. 사실 기본적으로 모든 종교적 공간은 오랜 시간

---

38   Ikon. 종교나 신화를 바탕으로 특정한 목적을 갖고 제작된 작품을 말합니다. 기독교에서 그리스도와 열두 제자, 성모, 성인들을 그린 성화상이 포함됩니다.

을 거쳐 쌓인 역사의 흔적, 그리고 그 공간을 이용했던 다양한 사람들이 남긴 삶의 흔적과 그들의 희망, 절망이 함께 서려 있는 공간입니다. 그런 점에서 우리는 종교적 공간과 시간의 흔적이 중첩된 양피지, 팔림세스트가 같은 성격을 지닌다고 말할 수 있을 것입니다.

영화의 팔림세스트 공간:
데자뷔, 과거의 건축물

그런데 영화 속에서는 어떻게 이러한 팔림세스트적 공간
이 구현될까요? 이제 장률 감독의 〈군산: 거위를 노래하다〉
(이하 〈군산〉)를 통해서 영화 속 팔림세스트 공간에 대해 좀 더
알아보도록 하겠습니다. 영화는 남녀 주인공인 송현(문소리
분)과 윤영(박해일 분)이 특별한 계획 없이 무작정 군산에 도착
하면서 시작합니다. 버스 터미널 앞에서 군산관광안내도를
한참 들여다보다 길을 나선 윤영은 갑자기 길모퉁이에 서서
"나 여기 와 본 것 같은데"라고 말합니다. 송현은 윤영이 군산
에 와 본 적도 없고, 비슷한 맥락의 말("우리 어디선가 본 적 있지
않아요?")을 다른 여자에게도 한 적이 있기에, 이 말에 별 의미

를 두지 않은 채 약간 비웃기까지 합니다. 그러나 팔림세스트 공간이라는 틀을 가지고 보면 영화의 도입부에 나온 이 대사는 많은 것을 함축합니다. 분명 처음 가 보는 곳인데도 왠지 이곳에 와 본 듯한 느낌을 받을 때가 있습니다. 데자뷔 혹은 기시감이라 불리는 이러한 감정은 종종 예술 작품 속에서 한 공간, 장소에 중첩된 과거의 시간들을 소환하는 장치로 소환됩니다. 영화 〈군산〉의 첫 장면에 등장하는 윤영의 데자뷔는 군산이라는 도시 전체에 담긴 과거의 시간들을 환기하는 일종의 팔림세스트적 장치라 할 수 있습니다. 영화 〈군산〉에서는 이러한 데자뷔를 암시하는 대사가 이후 여러 번 서로 다른 맥락에서 등장합니다. 매 순간 그 의미는 당시의 맥락에 따라 달라지지만, 반복되는 데자뷔의 암시는 이 영화가 현재 속에 불쑥 끼어드는 과거의 시간, '기억'의 중첩과 관계된 영화라는 것을 말해 줍니다. 다시 영화의 첫 장면으로 돌아가 보자면, 이처럼 군산이라는 공간에 담긴 과거의 시간의 흔적, 기억의 흔적을 암시하는 대사는, 이때 윤영의 뒤에 서 있는 건물 ― 과거와 현재의 모습이 묘하게 혼재된 건물을 통해서, 그리고 곧이어 윤영과 송현이 묵게 되는 민박집, 그리고 그들이 배회하는 군산 거리의 여러 건물들을 통해 더 분명히 나타나게 됩

군산 신흥동 일본식 가옥(ⓒ 군산시)

니다.

윤영과 송현이 묵는 민박집은 재일교포가 운영하는 일본식 가옥입니다. 이 집이 일본식 가옥이라는 점과 주인이 재일교포라는 점은 영화 속에서 이 공간이 일본과 관련된 역사 속 시간들을 소환한다는 것을 암시합니다. 영화의 전반부에서 이 일본식 가옥은 등장인물들의 관계와 감정 변화를 나타내는 중요한 역할을 합니다. 윤영과 송현, 그리고 재일교포인 민박집 주인(정진영 분)과 그의 딸 주은(박소담 분)이 군산이라는 독특한 공간, 그리고 그 공간의 역사적 층위를 압축한 이 '일본식 가옥'에서 맺는 관계는, 각자의 개인사와 그것을 넘어서는 집단의 역사, 그 속에 맺힌 복잡한 감정적 관계를 상징적으로 드러내며, 그러한 의미에서 이 집은 영화의 가장 핵심적인 팔림세스트적 공간이 됩니다.

장률 감독은 특별히 일제 강점기 시절의 흔적이 강하게 남아 있는 도시에서 영화를 찍고 싶어 했고 그래서 원래는 목포에서 영화를 찍으려고 했다고 합니다. 그러나 영화의 배경으로 사용하려던 민박집이 문화재로 지정되어 촬영이 불가능하게 되자 결국 다른 장소를 물색하게 되는데, 그때 선택된 곳이 바로 군산이었습니다. 조선 시대 호남평야의 세곡이 모이는 군산은 중요한 경제적 거점이었습니다. 그러나 일제 강점기 군산항을 통해 일본이 쌀을 수탈해 가는 과정에서 수많은 일본인들에 의해 토지와 경제 전반을 장악당하게 됩니다. 이 와중에 역설적으로 군산은 근대 도시로 발달하지만 조선인들은 이러한 발달구조에서 소외되고 착취당했습니다. 군산은 이처럼 복잡하고 슬픈 역사를 가지고 있는 도시죠. 해방이후 일본인들이 떠난 이후에도 그들이 살았던 많은 집들이 군산에 남아 있게 되었고, 오늘날에는 이러한 일본식 가옥들을 새롭게 맥락화해서 아픈 역사를 기억하는 장소로 만들었습니다.

일본식 가옥들 사이를 걷는 윤영과 송현
(이미지 출처: 영화 〈군산: 거위를 노래하다〉)

윤영과 송현은 이처럼 일본식 가옥들이 관광지로 조성된 길을 걷습니다. 송현의 말처럼 "진짜 일본 같은" 이 거리의 뒤편으로 카메라는 전형적인 현대 한국의 풍경, 고층 아파트를 담습니다. 이곳은 일본 같은 느낌의 한국이며, 과거의 시간과 현재의 시간이 공존하는 곳입니다. 우리는 이 장면 속에서 두 건물이 충돌하는 '낯선' 기분을 느끼게 되는데, 두 등장인물의 시각의 충돌을 통해 이러한 낯선 감정은 어딘가 불편한 감정으로도 이어집니다.

송현: 여기 너무 좋다.

윤영: 뭐가?

송현: 진짜 일본 같애. 나 일본 진짜 좋아하는데.

윤영: … 윤동주 시인 좋아한다 그러지 않았나?

송현: 좋아하지.

윤영: 윤동주 시인이 일본 형무소에서 죽었잖아.

송현: 그런데? … 야 그거는 그거고 이거는 이거지. 애가 뭐 이렇게 삐딱해.

이 낯설고 불편한 감정에 대해서는 뒤에서 좀 더 이야기

▪ 1935년 금강사(동국사)의 모습(ⓒ 동국사) ▪

▪ 현재의 동국사 ▪

팔림세스트로서의 공간/영화적 이미지
영화 〈군산: 거위를 노래하다〉의 장소와 시간

해 보도록 하고, 우선은 또 다른 군산 속의 팔림세스트 공간
으로 가 보겠습니다.

　군산이라는 도시에 남아 있는 일제 강점기의 흔적들이
만들어 내는 묘한 이질감과 낯섦, 그리고 그것이 야기하는 불
편한 감정은 이들이 동국사라는 절을 방문하는 장면에서도
확인됩니다. 1909년 일본인에 의해 '금강사'라는 이름으로 세
워졌다가 해방 후 '동국사'로 이름이 바뀐 이 절은 현재 우리
나라에 남아 있는 유일한 일본식 사찰이기도 하지요.

동국사 평화의 소녀상 옆의 윤영
(이미지 출처: 영화 〈군산: 거위를 노래하다〉)

    카메라는 윤영의 시선을 따라가며 이 일본식 사찰 대웅
전의 내부, 경내의 종각, 그리고 종각 옆에 세워진 평화의 소
녀상을 비춥니다. 사실 이 시퀀스에는 대사가 없습니다. 그러
나 카메라가 일제 강점기 세력가들의 이름이 새겨진 비석 옆
을 지나 평화의 소녀상을 비추고, 다시 물끄러미 연못을 응시
하는 윤영의 모습을 보여 줄 때, 우리는 특별한 내러티브나
대사 없이도 이 팔림세스트적 공간에 서려 있는 여러 역사의
층위들, 그리고 그 층위들이 서로 충돌하며 만들어 내는 긴장
감을 느낍니다. 아이러니한 것은 이러한 충돌과 긴장감이 또
한편으로는 놀랄 만큼 평화롭고 서정적인 풍경 속에 들어 있

다는 것입니다. 그리고 카메라는 이러한 서정적인 풍경 속에서 등장인물의 시선도, 우리의 시선도 아닌 듯한 제3의 시선을 느끼게 만드는 묘한 시점으로 이 공간이 지닌 시간의 층위들을 서늘하게 잡아 냅니다.

영화적 이미지,
카메라로 만들어지는 팔림세스트

장률 감독은 영화 〈군산: 거위를 노래하다〉에서 종종 한 공간에서 인물이 빠져나간 이후에도 잠시 동안 그 공간을 더 보여 줍니다. 송현과 윤영이 처음에 잘못 알고 찾아간 집, 이 집은 버려진 빈집인데, 나중에 이 집에 혼자 찾아간 윤영을 쫓는 카메라는 어느 순간 윤영이 아닌 집 자체의 공간들을 보여 줍니다. 그러다 다시 잠깐 윤영이 나가는 모습을 보여 주고, 다시 윤영이 나간 이후의 복도와 복도 끝의 창문, 그 창문 너머로 보이는 바깥의 바람에 흔들리는 나무에 점점 다가가며, 이어서 이 앞을 지나가는 윤영을 보여 줍니다. 이러한 시선은 마치 '유령'의 시선과 같은 느낌을 불러일으키는데요, 동국사 시퀀스의 마지막에서도 절 뒤의 대나무 숲속에 있던 윤영이 송현의 부르는 소리를 듣고 밖으로 나간 이후에도 카메라는 대나무 숲 앞의 절 경내에 잠시 동안 머물러 있습니다. 이처럼 인물이 아닌 공간에 초점을 맞추거나 인물이 지나간 이후에도 그 공간에 계속 머무는 카메라의 시선은, 공간에 서린 독특한 분위기를 어떤 인간적 시선으로부터 독립시키며, 일종의 유령의 시선을 만들어 냅니다. 이 같은 카메라의 시선을 통해 공간에 서린 시간의 흔적, 즉 팔림세스트적 이미지로서의 영화의 느낌이 증폭됩니다. 사실 유령적 존재라는 것은 시간을 가로질러 같은 공간에 끊임없이 되돌아오고 거기 머무는 존재로서, 어쩌면 팔림세스트의 또 다른 이름일 수도 있을 것입니다. 영화 〈군산〉 속의 팔림세스트 공간은 실제 과거의 흔적을 담고 있는 건물들 ―일본식 가옥, 일본식 사찰― 등을 통해서도 구현되지만, 이처럼 공간 자체에 초점을 맞추고 거기에 머무는 카메라의 시선을 통해서도 구현됩니다.

영화 〈군산: 거위를 노래하다〉에는 카메라의 시선을 의식하게 하는 요소들이 곳곳에 나타납니다. 우선 민박집에 설치되어 있는 CCTV입니다. 자폐증을 앓는 주은은 집 곳곳에 설치된 카메라를 통해 집의 안과 밖, 집을 찾아온 사람들

민박집 벽에 걸린 사진들
(이미지 출처: 영화 〈군산: 거위를 노래하다〉)

을 봅니다. 영화가 CCTV에 담긴 집 안의 모습, 등장인물들을 비출 때, 우리는 영화 속 영화를 보는 느낌을 받으며, 하나의 영화적 이미지가 또 다른 영화적 이미지와 겹쳐지는 듯한 영화적 팔림세스트를 경험하게 됩니다. 이러한 경험은 또 다른 요소, 즉 영화 속에 등장하는 흑백 사진들을 통해 더 강화됩니다.

민박집 벽에는 민박집 사장이 찍은 흑백의 여러 풍경 사진들이 걸려 있습니다. 그런데 이 사진들은 묘하게도 영화 속에서 이미 보았던, 그리고 이후 보게 될 장면들과 겹쳐집니다. 백화의 칼국숫집, 거위, 동국사 뒤편의 대나무 숲, 빈집의 창문, 철길, 그리고 섬. 특히 거위의 경우, 영화의 제목에 들어가 있음에도 불구하고 영화의 전반부가 지나갈 때까지 한 번도 등장하지 않습니다. 그러나 바로 여기서 뒤에 나오게 될 윤영의 서울 집에서 윤영의 아버지가 키우는 거위를 보게 되는 것이죠.[39] 이 사진들을 들여다보다 잠든 윤영의 꿈에 나타난 이미지 역시, 이후 영화 속에서 전개될 사건과 겹쳐집니다. 이렇게 사진들은 영화 안에서 각각의 장면들 사이의 팔림세스트를 구성합니다. 즉 우리는 영화를 보면서 이전에 본 장면들이 이후에 보게 될 장면과 겹쳐지는 영화적 팔림세스트를 체험하게 되는 것입니다.

영화 〈군산〉의 전반부가 군산이라는 도시 속에 깃든 서로 다른 과거의 시간적 층위들을 스크린 위로 떠오르게 한다는 점에서 팔림세스트적 공간, 팔림세스트적 이미지를 보여준다면, 서울을 배경으로 송현과 윤영의 군산 여행 이전 이야기를 다루는 영화의 후반부는 장소 자체보다는 영화 속 특

---

39 '거위'는 이 영화 속의 또 다른 팔림세스트, 즉 하나의 이름에 중첩된 여러 가지 의미를 구현해 내는 중요한 요소입니다. 윤영의 아버지는 집에서 키우는 거위를 '영아'라고 부릅니다. '영아'는 윤영의 어머니가 윤영을 어린 시절에 부르던 이름이기도 하고, '거위를 노래하다'라는 중국 당시(唐詩)의 제목이기도 합니다. 윤영은 영화의 후반부에 송현과 술을 마시다 이 시를 읊으며 춤을 춥니다.

위쪽은 윤영의 꿈속의 주은, 아래쪽은 실제로 윤영과 섬에 간 주은
(이미지 출처: 영화 〈군산: 거위를 노래하다〉)

정한 장면들이 각각 서로의 과거와 미래로 엮어지면서 한 편
의 영화 속 시간의 층위로서의 팔림세스트를 만들어 냅니다.
윤영이 군산에서 돌아온 후 지나가는 서울의 거리 속 풍경

— 윤영이 집에서 나와 걸어가는 길, 이주민 차별에 반대하는 1인 시위를 하고 있는 연변 재중동포(그러나 아마도 사실 진짜 '조선족', 연변 동포가 아닌 것으로 추정되는 남자)가 있는 곳, 약국, 치과 등은 모두 영화의 후반부, 즉 군산 여행 이전의 시간을 다루는 부분에서 다시 등장합니다. 그러므로 우리는 내러티브상 미래의 이 공간을 먼저 영화 속에서 보게 되며, 이 미래의 기억을 지닌 채 여기서 일어난 과거의 일들을 보게 되는 것이죠.

관객들은 영화의 시작과 끝에 나오는 군산 버스 터미널, 영화 전반부의 마지막 장면인 치과 등의 특정 장소가 시간을 거슬러 반복되어 스크린 위에 등장할 때 묘한 데자뷔를 느끼며, 영화 속 장소들에 쌓인 독특한 시간적 층위를 경험하게 됩니다. 이는 시공간을 자유롭게 넘나들며 서사와 이미지를 구성할 수 있는 영화가 가진 매체의 독특성에 기인한 것인데, 바로 이러한 영화의 매체적 특성은 영화가 본질적으로 팔림세스트를 구현하는, 즉 하나의 장면, 하나의 공간 속에 서로 다른 시간의 층위를 담을 수 있는 예술이라는 것을 말해 줍니다.

영화 속에서 우리는 과거-현재-미래라는 직선적 시간으

로 구성된 공간을 넘어서, 하나의 공간 속에 미래와 과거, 현재가 동시에 존재할 수 있는, 그러한 공간을 체험합니다. 철학자 들뢰즈는 자신의 영화론에서 이러한 영화적 이미지의 특성을 '결정체-이미지'라 부르기도 했습니다. 결정체의 표면은 빛을 받아, 때로는 투명하게 빛나기도 하고, 때로는 불투명해지기도 하는데, 이렇게 투명과 불투명을 오가는 것이 마치 과거와 미래, 과거의 기억과 현재의 의식 등이 분명하게 나뉘지 않고, 서로 다른 현재와 무수히 많은 과거의 층들을 겹쳐 나타내는 영화적 이미지의 속성과 상응한다고 생각한 것입니다.

현재가 무수히 많은 과거의 시간들의 층위로 구성되어 있으며 이질적인 시간들이 하나의 이미지 속에서 공존할 수 있다는 것을 지적한다는 점에서, 들뢰즈의 '결정체-이미지'는 한 공간 속에서 이질적 시간의 층위를 보여 주는 팔림세스트적 이미지와 맞닿아 있다고도 할 수 있습니다.

이처럼 영화 〈군산〉은 군산이라는 한 장소에 새겨진 시간의 흔적들을 소환하는 여러 공간 이미지들과 이러한 공간 이미지들을 담는 독특한 카메라의 시선, 나아가 각각의 이미지들이 영화 속에서 서로의 데자뷔를 이루며 독특한 영화적 시간의 층위를 쌓는 팔림세스트 이미지 구축 방식을 통해, 우리가 영화 속에서 체험할 수 있는 팔림세스트 공간, 팔림세스트 이미지가 어떠한 것인가를 잘 보여 줍니다.

팔림세스트 공간/이미지가 불러일으키는
종교적 사유

　한 공간에, 또는 하나의 이미지에 담긴 이질적인 시간의 층위를 감지하는 것은 그 공간과 이미지를 낯설게 만들며, 그러한 낯섦은 때로 불편함으로 이어지기도 합니다. 그러나 중요한 것은 바로 그렇기 때문에 우리는 그 공간과 이미지를 당연한 것으로 받아들이기보다 이것에 대해 '생각해 보게' 된다는 것입니다. 영화 〈군산: 거위를 노래하다〉의 전반부는 윤영과 송현의 군산 여행으로 요약될 수 있을지도 모릅니다. 그러나 그들이 머물고 배회하는 군산의 어느 거리도 단순히 아름다운 풍경, 배경으로만 머물지 않습니다. 앞서 이야기한 일제강점기의 흔적이 남아 있는 건물들뿐만 아니라, 과거 60년대,

70년대의 느낌이 나는 가게들과 거리들, 재일교포 백화(문숙분)의 칼국숫집, 송현이 찾는 점집, 그리고 그 옆의 철길 등은 현재의 군산이라는 공간, 시간과 묘하게 충돌하며 우리로 하여금 이 낯선 시공간의 맥락에 대해 생각해 보게끔 만듭니다.

이들은 우리에게 아직도 우리가 생각해 봐야 할 많은 역사적 문제들이 우리 삶 곳곳에, 우리의 일상 속에 들어와 있음을 환기시켜 줍니다. 아마도 팔림세스트 공간의 가장 중요한 의미 중 하나는 이처럼 우리로 하여금 단순히 과거를 '회상'하는 추억에 잠기게 하는 것이 아니라, 현재의 공간 속에 떠도는 이질적 시간의 의미에 대해 질문해 보고 생각해 보게 만든다는 것입니다.

아까 저는 팔림세스트를 유령적 존재에 잠깐 비유한 적 있습니다. 시간의 흐름을 거슬러 한 공간에 끊임없이 되돌아오는 과거의 흔적이라는 점에서 팔림세스트는 유령처럼 낯설고 이질적이며, 우리를 불편하게 합니다. 그러나 이러한 낯섦과 불편함은 결코 외면해서는 안 되는 우리의 현실이기도 합니다. 유령을 사라지게 하기 위해서는 유령이 없는 것처럼 외면하지 말고, 반드시 유령의 목소리와 서사를 들어야 하듯이, 우리는 팔림세스트 공간과 이미지가 주는 낯섦과 불편함의 목소리를 들으며 그에 대해 생각해 봐야 하는 것입니다.

영화 〈군산〉은 한국과 일본, 그리고 중국 세 나라의 20세기 역사의 복잡하게 얽힌 관계와 아직도 그 관계의 영향하에서 저마다의 모순적 감정을 가지고 일상을 살아가는 우리를 되돌아보게 만드는 영화입니다. 그러나 장률 감독은 이 문제를 단단하게 짜인 서사를 통해 직접적으로 전달하기보다는, 팔림세스트 공간과 이미지, 그리고 그 공간과 이미지 사이에서 배회하는 인물들의 단편적 대사들과 에피소드를 통해 전달합니다. 그래서 이 영화는 명확하게 한마디로 요약되기 어렵지만, 바로 그렇기 때문에 이 영화는 오히려 우리의 현실에 더 맞닿아 있습니다. 우리의 현실은 사실 잘 짜인 완벽한 서사가 아닌 단편적인 시간들의 연속과 중첩이며, 때로는 서로 모순된 기억들의 중첩이기 때문입니다. 팔림세스트 공간과 이미지는 그러한 점에서 그 속에서 살아가면서도 제대로 보지 못하는 우리의 현실을, 그 속의 모순들과 잊힌 과거를 다시 돌아보게 만듭니다.

종교적 공간의 팔림세스트 역시 이렇게 우리의 현실을, 그리고 우리의 현실 속에 들어와 있는 과거를 되돌아보게 해 줍니다. 압도적인 느낌을 주는 종교적 건물들과 장소들은 사실상 많은 폐허 위에 다시 쌓아진 것이며, 그 안에는 수많은 시간의 기억들이 묻혀 있습니다. 종교적 장소에 서서 이곳의 다양한 과거를 기억한다는 것은 이곳을 단지 누군가의 힘과 영광을 기리기 위한 장소로만 기억하는 것이 아닙니다. 이곳을 두고 경합한 서로 다른 사람들과 힘들이 있었다는 것, 그 와중에 누군가는 승리하고 누군가는 죽고 사라져 갔으며, 그 모든 시간들 속에 일상의 문제와 고통, 바람을 가지고 이곳을 찾아 기도한 다양하고 평범한 사람들이 있었다는 것을 기억하는 것입니다. 그리고 아마도 종교 자체도 이러한 기억들의 연쇄로 이루어진다고 말할 수도 있을 것입니다.

종교의 공간에서 우리는 팔림세스트를 통해 시간적인 축을 가로질러 형성되는 다층적인 의미, 여러 가지 힘들의 상충, 그리고 각 개인의 삶에서 새로운 의미를 만들어 내는 성스러운 공간에 대해 다시 생각해 보게 됩니다. 영화는 팔림세스트 공간, 팔림세스트 이미지를 통해 현재 속에 들어 있는 해결되지 못한 과거의 문제들, 저마다의 방식으로 기억되는 과거들, 역사의 무게에서 결코 벗어날 수 없으면서도 지극히 개인적인 것들로 채워지는 우리의 삶과 공간들에 대해 생각해 보게 만듭니다.

영화의 놀라운 점은 영화가 공간의 팔림세스트를 카메라의 눈과 편집을 통해 한층 더 분명하게 드러내며, 또한 전체가 이러한 팔림세스트적 이미지로 구성될 수 있다는 점입니다. 우리는 영화의 이러한 팔림세스트적 속성을 보며, 우리의 현실, 우리의 공간에 서려 있는 시간의 층위들에 대해 다시 생각해 볼 수 있습니다. 그리고 이제 영화 〈군산〉을 통해 군산이라는 도시에 대해 또 다른 하나의 기억의 층을 갖게 됩니다. 그런 의미에서 영화는 그 옛날 종교가 그랬듯이 한 장소에 대한 또 다른 기억을 만들어 내고, 또 다른 팔림세스트를 만들어 가고 있다고 할 수 있습니다.